国家出版基金项目
NATIONAL PUBLICATION FOUNDATION

馮承鈞◎著

歷代求法翻經錄

山西出版傳媒集團
山西人民出版社

圖書在版編目(CIP)數據

歷代求法翻經錄 / 馮承鈞著. —太原: 山西人民出版社, 2014.12(2024.2重印)
(近代名家散佚學術著作叢刊 / 許嘉璐主編)
ISBN 978-7-203-08762-5

Ⅰ. ①歷… Ⅱ. ①馮… Ⅲ. ①佛教史—中國—古代 Ⅳ. ①B949.2

中國版本圖書館CIP數據核字(2014)第234689號

歷代求法翻經錄

主　　編　許嘉璐
著　　者　馮承鈞
責任編輯　梁晉華
助理編輯　張　潔

出 版 者　山西出版傳媒集團·山西人民出版社
地　　址　太原市建設南路21號
郵　　編　030012
發行營銷　0351-4922220　4955996　4956039　4922127(傳真)
天貓官網　https://sxrmcbs.tmall.com　電話　0351-4922159
E-mail　sxskcb@163.com　發行部
　　　　sxskcb@126.com　總編室
網　　址　www.sxskcb.com

經 銷 者　山西出版傳媒集團·山西人民出版社
承 印 廠　山西出版傳媒集團·山西新華印業有限公司

開　　本　700mm×970mm　1/16
印　　張　8.75
字　　數　72千字
版　　次　2014年12月　第1版
印　　次　2024年2月　第2次印刷
書　　號　ISBN 978-7-203-08762-5
定　　價　44.00圓

《近代名家散佚學術著作叢刊》編委會

出版說明

近代名家散佚學術著作叢刊選取一九四九年以後未再刊行之近代名家學術著作共一百二十册，編例如次：

一、本叢書遴選之著作在相關學術領域具有一定的代表性，在學術研究方向、方法上獨具特色。

二、爲避免重新排印時出錯，本叢書原本原貌影印出版。影印之底本皆經專家組審定，原書字體大小，排版格式均未做大的改變，原書之序言、附注皆予保留。

三、本叢書分爲八大類，以作者生卒年編次。

四、爲使叢書體例一致，本叢書前言後記均采用繁體字排版。

五、個別頁碼較少的版本，爲方便裝幀和閱讀，進行了合訂。

六、少數學術著作原書内容有個别破損之處，編者以不改變版本内容爲前提，部分進行修補，難以修復之處保留缺損原狀。

七、原版書中個别錯訛之處，皆照原樣影印，未做修改。

八、所選版本之抽印本頁碼標注，起始至所終頁碼均照原樣影印，未重新編排標注新頁碼。

由於叢書規模較大，不足之處，殷切期待方家指正。

總序／

披沙瀝金，以爲鏡鑒

◇許嘉璐

多年來有一個問題始終在我腦中盤桓：爲什麽在十九世紀末到二十世紀初，在短短的幾十年裏，中國的各個學術領域竟涌現了那麽多大師級的人物？這是中國近代史上一個極爲重要的現象，我認爲，如果不能給出令人滿意的答案，我們撰寫的近代學術史將是不完整的，甚至是缺乏靈魂的。後來我知道，著名人類學家克羅伯曾提出過一個問題：爲什麽天才成群地來？看來這種現象的出現並非中國所獨有，思考其所以然的也大有人在。而在那一次世紀之交中國的情況，似乎應驗了「天才成群地來」這個令克氏久久不解的疑問。錢學森先生曾從相反的方向提出了相同的疑問：爲什麽我們這個時代出現不了杰出人才？後來人們稱這個問題爲「錢學森之謎」。

要回答這些疑問不是件容易的事。與其迅速地囫圇地探尋，不如先多了解那些讓中國近代學術（應該包括人文科學和自然科學）史上閃耀着光輝的大師們的作品和自述，從而在腦海里盡量「復原」他們所處的環境和在那種環境下的心理路徑，從中或許可以得到一些啓示。

有一點是顯然的，這就是他們雖然都已遠離塵世而去，但是他們獨立思考的品性、求知治學的真誠、困厄窮愁中對節操的堅守，恐怕是他們共同的主觀因素，一直影響到現在，而且將會永遠留存下去。

就思想界、學術界而言，二十世紀上半葉是一個新説和舊説碰撞，中學和西學融匯的大時代。那時的學人極爲重視言行操守，同時具備現代知識分子的理想信念；他們的學術研究十分純净，絶少功利因素；他們的視界開闊，以包容的心態和嚴謹的風格造就了成果的大氣與厚重。至於在客觀因素一面，他們實際是在用工業化時代的事實解説着太史公所説的名山之作「大抵聖賢發憤之所爲作」，困厄苦難使得他們「皆意有所鬱結」。這種鬱結，幾乎和個人的名利毫無牽涉，他們永遠不能釋懷的，是民族的存亡、國運的興衰、民衆的福禍和文脈的續斷。

那個時代也是近代歷史上最大規模的中西古今學術調適、創新的時期，學術方法上的交互滲透和融合、創新亦可謂「於斯爲盛」。斯時之學人是要在封閉的屋墻上鑿出窗子的勇士，是使人能够看看外部世界的第一批導夫先路者；或者可以説，他們是在「意有所鬱結」時「彷徨」和「吶喊」的「狂人」。

相對於那時的哲人們，後來者是幸運兒。現在的形勢是，近三十年來學界空前繁榮，衆多學科有了長足之進，其中很重要的一點是學界有了更新穎、更廣闊的國際視野，似乎接續上了百年前的學壇盛事。但細想想，「古」與「今」還是有差别的。其异，主要不在於世界情勢、學術進展、工具改善這些客觀存在，而在於在廣泛吸收各國優長的同時，自身文化的主體性越來越受到重視，换言之，「拿來主義」已經延長了「拿來」的程序，加上了試用、甄别、篩選、吸收、融合、成長。就我孤陋所見，在當今地球上，面向所有異質文明，努力汲取我之所缺，其範圍之大和心態之切，似乎無出中國之右者。從這個角度説，我們已經超越了前輩。但是事情還有另外一面，學術，特别是人文學科，其職業化、「沙龍化」和功利性，以及隨之而來的浮躁病却嚴重了。從這個角度説，是不是我們已經後退得够可以的了？而這是不是我們這個時代出不了大師的原因之一呢？

民國學術界的特點之一是極爲注重對傳統的反省、批判與繼承。他們對傳統文化盡最大的努力進行整理和研究。一方面，由於戰亂頻仍，民不聊生，學者們擔起了讓中華文化薪火相傳的歷史責任；另一方面，他們要通過對中國傳統文化的整理、挖掘來重振民族自信心。這一時期對傳統文化進行整理的全面而深入是前所未有的，舉凡文字學、語言學、經濟學、法學、哲學、政治制度、書法繪畫、金石學……規模之宏大，研究之精微，令人嘆爲觀止。

民國學術推動了現代學科體系的建立。在對傳統文化整理和研究的基礎上，吸收西方的文化思想和理念，推動和建立了中國現代學科體系。例如，在對語言文字和音韵學成果進行整理、研究的基礎上開始着手規範之，建立了國語學；深入研究書法、國畫，將其融入了現代美術學科；在廢除舊有學制後逐步建立起小、中、大學較完整的科目和學科體系。

民國學術也改變了傳統學術方式，建立了新的研究範式。以現代科學考古爲發端，科研的實踐和成果使中國知識界真正認識到在實驗、比較基礎上的邏輯分析對學術研究的重要，推進了中國學術的一大演變。至於我們常説的打破士大夫傳統、走出書齋到田野鄉村和市民中進行調查研究、結束了經學時代、以歷史眼光檢視儒學和諸子等等，都是確立新學術範式的努力。這一轉變，也標誌着中國學術界脱胎换骨，全面進入了現代，爲此後的學術發展奠定了堅實的基礎。當然，西方啓蒙運動以來，在「現代性」和「現代化」裏潛伏着的缺陷和謬誤也傳到了中國，這些不能不在前哲的著作裏留下痕迹。這並不奇怪。類似的情况，古往今來孰能免之？猶如今天的我們，誰敢自稱我之所見就是永恒的真理？在這個問題上兩個時代所異者，或許就在昔時大家創立新説或譯註西學著作，往往是懷着對學術和前哲的敬畏而爲之，故而常常誤不在我；當今則往往出於對學問和他人的輕蔑，或以所研究的對象爲謀己的工具，因而難辭主觀之咎吧。翻閲他們的心血之作，這些復雜的狀況可以顯見，可以視之爲我們的一面鏡子。

滄海桑田，世事變幻，歷史的動盪和時代的遮蔽，使當年許多大師的一些極有價值的學術著作被棄於故紙堆中，不能不令人有遺珠之憾。爲此，山西人民出版社不惜以數年之艱辛，披沙瀝金，編輯出版這套近代名家散佚學術著作叢刊，凡一百二十册，計文學、史學、政治與法律、美學與文藝理論、民族風俗、宗教與哲學、經濟、語言文獻共八大類别。所選皆爲作者之純學術著作，無論是其見解、精神，抑或是其時代烙印，都是後輩學人可資借鑒的寶貴財富。他們出版這套叢書，意在讓世人不忘來程，知篳路藍縷之不易，爲民族文化的傳承再增薪木。

出版社的初衷，與我近年來所思所慮近似，故願略述淺見於書端，以與策劃者、編輯者和讀者共勉。

二〇一四年七月六日

改定於自安東回京途中

前言

◇王紹培

近代名家散佚學術著作叢刊是一項重大的學術工程，我接到寫這個序言的指令，誠惶誠恐多日，端的是藐予小子，何敢贊一言。

但我亦深知這是一個重温先賢大哲杰出思想成就的寶貴機會。果然，十余部宗教哲學類著述電子版到手，翻閱起來，雖然難免諸多不便，但静心瀏覽，不能不生感慨良多。這批著作全部都在民國期間出版。最早的一本是梁漱溟的究元决疑論，是商務印書館一九二三年出版的。其餘的大部分都出版在二十世紀三十年代的抗戰爆發之前。想想看，彼何時也，政局動盪不已，軍閥混戰不休，而民不聊生，但學術活動仍然頑强掙扎，開展得如火如荼，且學術質量之高，令人驚訝。

所謂學術質量之高亦不是我輩來信口雌黄。事實上，對於這些前輩學人及其成就，學界早有定評。例如，梁啓超（一八七三年—一九二九年）被公認是清朝最優秀的學者，是一位百科全書式的人物。最難以想象的是在他五十六年的短暫生命中，既積極投身從事大量的政治活動和社會活動，又能在哲學、文學、史學、經學、法學、倫理學、宗教學等領域均有建樹，這是怎麽做到的?曾經看見一則逸聞，説梁啓超每天必打八圈麻將，寫八千字文章，他不少文章是邊打麻將邊口授的，簡直神乎其技了，但不知道真假。本叢書收録的梁啓超的中國學術思想變遷史（商務印書館一九二六年出版）被學人贊許之爲「中國學術史上的垂範之作」。梁啓超在經過革命失敗的過程之後，痛定思痛，得出的教訓是要高度重視學術思想，他說：「學術思想之在一國，猶人之有精神也，而政事，法律，風俗，及歷史上種種之現象，則其形質也。」梁啓超認爲，有新學術思想，就會有新國民，有新國民，就會有新國家新世界。從梁啓超的論述可知，他對哥白尼、培根、笛卡爾、孟德斯鳩、盧梭、富蘭克林、瓦特、亞當·斯密、達爾文等等思想家瞭如指掌。他極爲看重思想言論自由，他認爲「春秋末及戰國」爲中國學術思想的「全盛時代」，而追溯所以致盛的原因，「思想言論之自由」爲其中一個重要的方面。其餘諸多因素，除了「由於蘊蓄之宏富也」與歷史積累有關，其他「社會之變遷也」、「交通之頻繁也」、「人材之見重也」、「文字之趨簡也」、「講學之風盛也」，也都跟社會自由有很大的關聯。現在的年輕人有時或者會覺得清末民初的人物都是老古董，但看看梁啓超就知道，他的思想之新鋭先鋒不在現在很多人之下。正因爲梁啓超把學術思想看得如此之重，因此，該書欲總結中國固有學術思想之得失，以西方文化參補之，從而恢復上古與中古時代「我中華第一也」的學術「最高尚最榮譽之位置，而更執牛耳於全世界之學術思想界」。百年之後，看見這樣的雄心壯志，真是讓人唏噓不已。

再如錢基博先生。現在的讀者如果知道錢基博大概多是因爲錢鍾書的緣故，但錢基博先生本身就是碩學鴻儒，父子同爲大師，此等情形較爲罕見。四書解題及其讀法（商務印書館一九三一年出版）亦是錢基博的代表作之一。四書是儒家傳道授業的基本教材，亦是儒學的重要原典。錢基博説他在四十歲時遇見梁啓超，梁啓超送他一本要籍解題及其讀法，他有不同看法，於是成就四書解題及其讀法一書。錢基博的四書解題，回到朱熹的「大語孟中」的次序，所謂「不先乎大學，則無以提綱挈領，而盡語孟之精微；不參之論孟，則無以融會貫通，而極中庸之指趣」。或則，「先讀大學，以立其規模，次及語孟，以盡其蘊奧，而後會其歸於中庸；蓋以爲學之程序，而第其書之先後也」。衆所周知的是，錢基博不是那種關門閉户死讀書的腐儒，而是心憂天下的君子。就在該書的序言裏，他亦不忘表露初衷：「今四十歲，飽更世患，民治革政，共而不和，争民施奪之既久，寖尋以至今日，又見有專無制，哀哉耗已！末法披昌，人將相食！窮則反本，緟温故書，然後知聖人憂世之情深，仁民之道大也！繕寫既定，而爲考鏡原流，發明指意，於文章典籍之中，得其辨名正物之意，庶幾尼山正名之意云爾！」在錢基博這樣的學人眼裏，做學問跟憂世仁民大有關聯。

這些學者當中，無疑以梁漱溟（一八九三年—一九八八年）的世俗名氣爲最大，在現當代中國歷史上，梁漱溟是一位罕見的絕不阿世媚俗的有風骨的文人。梁漱溟自謂：「我自十四歲進入中學之後，便有一股向上之心驅使我在兩個問題上追求不已：一是人生問題，即人活着爲了什麽，二是社會問題亦即中國問題，中國向何處去……總論我一生八十餘年（指十四歲以後）的主要精力心機，無非都用在這兩個問題上。」梁漱溟曾經兩度自殺，可見其苦悶至深。一九一六年，二十三歲的梁漱溟即寫成究元決疑論，在東方雜誌連載，引起轟動。正因爲是書，二十四歲的梁漱溟被蔡元培校長延聘，進入北大教授印度哲學。關於究元決疑論之緣起，梁漱溟説：「於爾所時，舊執既失，勝義未獲；憂惶煩惱，不得自拔。或生邪思邪見；或縱浪淫樂；或成狂易；或取自經。如此者非財寶事物之所得解，唯法得解……所謂佛學如實論與佛學方便論之二部，前者將以究宣元真，今命之曰『究元第一』；後者將以決行止之疑，今命曰『決疑第二』。世之所急，常在決疑，又智力劣故，不任究元，以是避諱玄談，得少爲足。且不論其所得爲似爲非。究理而先自畫，如何得契宇宙之真？不異於立説之前，自暴其不足爲據。欲得決疑，要先究元。」所謂「究元」，亦即「佛學如實論」，探討宇宙本體問題，揭示佛法的核心教義乃爲「無性」，「無性」亦即「無自性」，世間萬事萬物皆是因緣和合，並無自體自性，如斯則從根本意義上省悟宇宙人生之真相。所謂「決疑」，亦即「佛學方便論」，討論現象界的問題，以究元所得的佛法宇宙人生真諦來認識和指導現實的社會人生。「究元」是佛教立場的本體論，「決疑」是建基於佛教之上的人生觀。欲得決疑必先究元；先解決本體問題，則人生問題就好順勢而爲。值得一説的是，五四時期，中國學術界跟國際社會基本接軌，信息傳遞大體同步。例如，古斯塔夫·勒龐（彼時譯爲魯滂）的各種學説都被悉數譯介，如新物質論甫一翻譯，即被梁漱溟消化，以兹與佛家性空學説參觀對照，按照勒龐的説法，以太是宇宙的本體，以太的「渦動」即爲物質，「渦動」停止物質消滅的過程中派生各種「力」，「力」是同一物的不同形式。梁漱溟認爲以太跟佛家的如來藏或阿賴耶相類似，「渦動」相當於忽然念起，「此渦動便是無明」。除此之外，梁漱溟對各種西方哲學瞭如指掌，例如，他以康德的現象與「物如」（物自體）之分，休謨的不可知論，來印證佛家元哲學之三義：「不可思議義，自然(Nature)軌則不可得義，德行(Moral)軌則不可得義。」復以叔本華的盲目衝動和意欲之説，柏格森的生命哲學來論證「人生基本是苦」的結論，唯有以佛法爲精神支柱，方能安穩自我，清静自守。

相對來説，馮承鈞先生（一八八七年—一九四六年）鮮爲人知。馮承鈞早年留學比利時，後赴法國巴黎大學，主修法律。一九一一年獲索邦大學法學士學位。續入法蘭西學院師從漢學家伯希和。馮承鈞歸國後，曾任北京大學歷史系教授、北京師範大學歷史系教授。馮通曉法文、英文、比利時文、梵文、蒙古文、阿拉伯文、波斯文，兼及古回鶻語、吐火羅語和蒙語八思巴字，並精通中國史籍，在歷史學、歷史地理學、歷史語言學和考古學等方面都有較深的造詣，在史地研究考證方面卓然成家。馮承鈞畢生研究中外交通史和邊疆史，著譯既多且精，是民國時代重要的中外交通史家。馮承鈞從金石書畫以及方誌内裒集了元代的白話聖旨碑，成爲一書，此即元代白話碑，概述元朝白話碑文的歷史背景，並對於元代白話語法加以研究討論。關於歷代求法翻經録，馮承鈞在其叙言中説：「求法傳經二事之重要，已爲西方學者所共知……第此種史料，多散見於釋藏傳記譜録之中。初學不易尋檢。余不敏特爲鳩集舊文，參以新證，凡關於求法翻經之事，皆撮録其要……彙爲一編，名曰求法翻經録。」由此可知，該書是一本資料薈萃之編。

另有兩位不大爲後人所知的學者。一位是江恒源（一八八五年—一九六一年）。江恒源是一位教育家，他的中國先哲人性論是作者一九二四年用八十天的時間寫成的專著，將先秦到明清之際的諸多先哲跟人性有關的觀點、思想娓娓道來。作者認爲，總體來説，中國哲學的起源，和歐洲有點不同。歐洲哲學以「求知」爲出發點，中國哲學以「利行」爲出發點。歐洲人説「哲學起於驚異」，而中國哲學一切以現實認識爲根據……這幾句話要言不煩，道破中西哲學之差異。另一位是熊寥（一九〇二年—一九八三年）。一九三一年，熊寥留學美國華盛頓州立大學，獲經濟學博士學位，回國後任國民黨中央政治會議經濟組專門委員。一九三九年出任沅陵稅務局局長。一九四〇年冬掛冠歸里，應聘爲三民中學教務主任。熊寥一生著述頗豐，著有墨子經濟思想史、晚周諸子經濟思想史、江西省財政概況、湖南省財政概況等。其中，晚周諸子經濟思想史算得上是中國經濟史的奠基之作之一。該書綜述道儒法墨四家的經濟思想，同時對百家思想多有論略。

另外三位先生，湯用彤（一八九三年—一九六四年）、朱謙之（一八九九年—一九七二年）、蔡尚思（一九〇五年—二〇〇八年），知名度不大不小，但其實都是極具分量的重要學者。一般認爲，湯用彤是現代中國學術史上少數幾位能會通中西、接通華梵、熔鑄古今的國學大師之一。他的竺道生與涅槃學是其重要的學術著作之一。竺道生是東晋時期的著名高僧，是鳩摩羅什的弟子。竺道生認爲那些斷了善根的人也可以成佛，他又主張頓悟成佛，這些都不是主流的觀點。竺道生是東晋最著名的涅槃學者，他把作爲精緻哲學形態的般若學和粗俗的成佛説教結合起來，着重闡發涅槃佛性説，認爲「真空妙有」契合無間，開創佛教一代新風，因此被尊爲「涅槃聖」。朱謙之是二十世紀著名歷史學家、哲學家和東方學家，亦有「百科全書式學者」的美譽。他年輕時曾經短暫出家爲僧，後來發現，佛教不能實現自己的夙願，因此跟佛門斷絕關係。他主張宇宙人生是一股真情之流。他的中國思想對於歐洲文化之影響（一九四〇年出版）一書的寫作，歷時五年，他自認爲是「最細心結撰的一部著作」。朱先生認爲，東西文化各有其自身的歷史特徵，但是，這並不妨礙它們同時通過各種途徑接受、吸納對方的影響。在十七至十八世紀，中國哲學文化給予歐洲思想界的影響歷歷可數。在十六至十七世紀則以來華的耶穌會士爲媒介，中國哲學文化特別是孔子哲學被廣泛譯介到歐洲大陸，成爲歐洲理性時代來臨的外來思想條件。東西文化的相互影響、接觸，給世界文明帶來了强大的推動力。朱謙之先生的這部重要的著作，對於研究中西方文化史的後來學者，仍然是一座繞不過去的學術高峰。蔡尚思先生是哲學家，亦是中國思想史專家。他出版中國三大思想之比觀一書時是二十八歲，寫成則是二十四歲，而在此前的二十一歲時，他就寫成了研究孔子哲學、老子哲學和墨子哲學的專著。所謂中國三大思想，指的是老孔墨三家。蔡尚思先生將三家思想的方方面面比較對照，細緻而又周全。例如，他認爲老子是藝術的，墨子是功利的，孔子則介乎兩者之間；老子以死天爲主，活人法死天，無爲自然；孔子以天鬼爲名，以君王爲實，視天子嚴君如天帝鬼神；墨子以活天爲主，視死天如活人，兼愛交利……這些比較十分具體，發人深省，後之學者反而不做如此細緻的功夫了。

即使是非常粗略地瀏覽民國學人的著述，也不難發現一點，這些學者何以在年紀輕輕時就已經開始著書立説，而且水準頗高？我們站在新中國的立場回望，覺得彼時天地之舊，但如果他們站在辛亥革命之後前瞻，或許看見的全是風物之新。因此，當時的人或者滿是志氣，要在新天地有所作爲。及至戰亂迭起，他們更是堅定了文化返本開新的决心。從教育的角度來説，當時的精英教育使能够接受教育的人都是英才，而這些教育英才的人和英才自己也都非常珍惜機會，所以成才率顯然比今天高。中外學術思想交流的順利和及時，也是民國學術思想繁榮的一個原因。我們看梁漱溟等人的書，不難發現他們對國外各種思想潮流都瞭如指掌，各家各派的學説都被拿來爲我所用。當然，學術思想的相當自由也保證了這些學者在著書立説時，較少外部顧慮，一心把書寫成、把文章做好就對了。這些其實遠遠不算完美的局面，仍然因爲日本人的侵略而被打斷，内戰的影響也顯而易見。及至新中國建立，學術範式、語言、議題、旨趣等等完全轉型，一個時代就這樣結束了。

因此，今天我們重温民國學人的思想，除了瞻仰他們曾經到達的思想高度之外，也是順便看看，學術思想在一種相對自然而正常的情況下，可以呈現出一種怎樣的風貌，結出怎樣的碩果，而於我們中國人會有怎樣的信心跟鼓勵。值得慶幸的是，二十世紀八十年代開始，我們又回到了一個總體來説學人可以有所作爲的環境中，至於新世紀的學人可以取得怎樣的成就，在很大程度要看個人自己的努力和争取了。

作者簡介

馮承鈞（一八八七年—一九四六年），字子衡，湖北漢口人。中國歷史學家、中外交通史家。他通曉法文、英文、梵文、蒙古文和吐火羅文，畢生研究中外交通史和邊疆史，著譯等身，在中國近現代翻譯史上，他是完全可以同嚴復、林紓、馬君武、伍光建齊名的一流翻譯家。他的史地譯作，引進了歐洲漢學的成果和科學的治學方法，對民國時期以至後來的中外交通史、蒙古史的研究，都具有重大的推進作用。

凡例

一、年號爲研究中國史籍者之大礙。往往一種極易對照之事。爲年號所蔽而不明。茲爲統一年代起見。一律易以西曆。其不能確指爲何年者。如天監中貞觀間之類。則附西曆起迄若干年於下。至月日則仍依夏曆。

二、此錄既以求法翻經爲名。但求法者無論姓名存佚。翻經與否。皆錄之。至翻經者。唯限於東來外國僧俗。其東來之人非譯師。本國譯師未西行者。雖著名如佛圖澄菩提達摩智顗道宣等。皆不錄。然爲數亦僅矣。

三、梵名古翻。常不一致。如流支留志。原文皆同。曇摩達磨。本義不殊。且幸諸時譯師。皆有譯例可尋。原名不難復元。東來諸師。梵名爲西人考訂者固不少。然未經復元者亦甚多。茲將可以復元者。咸註羅馬字梵名於下。不特同名異譯之原名不難認識。而於西籍中之梵名亦易勘合。

四、昔日西行諸師遊履所至。記述所錄。地名多有不同。亦有沿襲舊訛者。例如今之和汗 Wakhan。惠生行記名曰鉢和。西域記名曰達摩悉鐵帝。唐書及悟空行記名曰護密。慧超行記名曰胡密。根本一切有部律名曰僕迦那之類。雖未便更改舊文。然皆附古今地名於下。以歸一致。又如罽賓一名。舊爲克什米爾 Kashmire 之古稱。至唐時或以稱漕國 Jaguda。或以稱克什米爾。或以稱迦畢試 Kapisa。然爲迦畢試之對稱者最多。則唐之罽賓十九爲迦畢試。然不能必其皆爲迦畢試也。其確定爲迦畢試者。皆註梵名於其下。否則存疑。

五、歷代所譯諸經。存佚不等。今無梵本可勘者。不在少數。不能一一復其原名也。又如奘淨諸師譯述最多。不能一一記錄。茲於重要諸經律。皆附原名於下。其譯述甚多不能徧舉者。則唯記其概數。

六、此錄所引諸書。皆註明出處卷數。以便檢尋原文。其未註明者。皆從出三藏記集。大唐內典錄。開元釋教錄。貞元續錄。至元法寶勘同總錄。閱藏知津。諸書錄出。因譯人無事可書。故惟誌其翻譯年代經目。

七、唐貞元以後。求法翻經之人。唯北宗略有成績。東來翻經者有法天 Dharmadeva。（後名法賢 Dharmabhadra）天息災施護 Danapala。法護 Dharmaraksa。智吉祥 Jnanasri。慈賢 Maitreyabhadra 六人。皆印度人。西夏有日稱 Surayasas。金總持 Suvarnadharani 二人。西行求法者有道圓（九四七至九六五）繼業（九六四同行者三百人）行勤（九六六同行者一百五十七人）光遠（九八二年還）法遇（九八三年還）辭澣（九八四至九八七年還）諸人。考其成績。惟法天譯經論一百一十八種。施護譯經論一百一十一種。（以現存藏中之數計之）然非重要經論。唯事補苴而已。西行求法者。人數固超邁前代。然無成績可言。唯繼業撰有行記。（范成大吳船錄及通考引之）顧所記甚簡。亦無異文。緣其時印度教已盛興。回教已輸入。佛教已衰微。無大事可以記述也。昔沙畹在巴黎宗教雜誌（一八九六年一八九七年刊）撰有「菩提伽耶 Bodhigaya 之漢碑」一文。云在昔之大覺寺 Mahabodhivihara 新出土有漢文碑誌五種。一爲九五〇年物。（漢乾祐三年）三爲一〇二二年物。（宋真宗乾興元年）一爲一〇三三年物。（宋仁宗明道二年）則西行之人晚至十一世紀中尙有之也。今惟見九五〇年一碑。上鐫有大漢國僧歸寶。志義。廣峯。惠嵩。惠秀。智永。奉昇。清蘊諸名。餘四碑未見。容續考之。故此錄暫以唐末爲斷。

敍言

社會中種種元素皆受進化原則之支配。從未有永存不變之制度文物。信仰既爲構成社會之成分。亦自不能違此公例。佛教與中國關係綦密。尤以淨土 Amidisme 眞言 Tantrisme 二宗爲甚。南北朝以來。社會中不少信仰多由此二宗所輸入。則佛教之如何構成。如何進化。不特爲世界宗教史之重要篇目。亦屬中國社會史之中間問題。今人僅知佛教爲一種宗教。唯有大小乘諸宗派之別耳。殊不知佛教爲從前宗教進化之果。兼爲後日信仰孵化之因。佛教不止一種。非特立之宗教。亦非單純之宗教。先有婆羅門之吠陀 Vedisme, Brahmanisme, 一轉而爲數論 Samkhya。再轉而爲瑜伽之說 Jainisme, Yogisme。佛陀之說 Buddhisme。嗣後佛說由小乘 Hinayana。變爲大乘 Mahayana。復由最單簡的解脫之說。一變而爲最高超的哲理之論。如龍樹 Nagarjuna 法性皆空等說。非普通社會所能解悟。當然不免有反動之發生。由是佛教之外。有印度教 Sivaïsme, Hindouïsme 之代興。佛教之內。有淨土眞言二宗之特起。淨土以祈禱念誦爲主。眞言以神呪手印爲歸。自此二宗輸入中國之後。除菩提達摩 Bodhidharma 之禪 Dhyana 宗尚能保其勢力外。其餘若世親 Vasubandhu 之俱舍 Kosa。呵梨跋摩 Harivarman 之成實 Satya siddhi。馬鳴 Asvaghosa 之法相 Dharmalaksana。覺賢 Buddhabhadra 之華嚴 Avatamsaka。智顗之天台。道宣之律宗。皆成爲歷史的宗派。與社會幾斷絕關係矣。則佛教之沿革。爲中國社會史極有關係之研究也。但研究之先。不可不先識求法傳經之人。質言之。傳佈佛法之人。

佛教之在曩昔。其威權甚大。卽在今日。其勢亦不可侮。唐代西域十六都督府州之建置。西盡波斯。北抵康居。南達雪嶺。而其聲威徧印度者。王玄策西征摩伽陀國爲其要因。顧玄策之出使。乃因玄奘西遊。聲暢五天印度諸國。遣使入貢。則玄奘實爲唐代帝國主義之間接的發起人。考其原始動因。乃在求法。昔苻堅遣苻丕以十萬之師取襄陽。謂唯得道安一人。習鑿齒半人而已。又遣呂光將前部車師王率兵七萬西伐龜茲。以迎童壽 Kumarajiva。考其動因。乃在傳經。則求法傳經。實影響於中國歷史不少。而當時僧人求法歸國。所記遊履諸國之事。如佛國記西域記之西域。南海寄歸傳求法高僧傳之南洋。慧超入五天竺國傳悟空入天竺記之吐火羅迦畢試。皆可以補史籍之闕。則求法傳經之事。誠有研究之必要矣。求法傳經二事之重要。已爲西方學者所共知。近數十年研究成績甚夥。印度歷史藉以補正。西域輿地藉以考訂。南海文化藉以尋求。梵文佚本藉以轉譯。則此數百求法翻經之人。有功於學界匪淺。溯本追源。當取諸人本傳研尋之。第此種史料。多散見於釋藏傳記譜錄之中。初學不易尋檢。余不敏。特爲鳩集舊文。參以新證。凡關於求法翻經之事。皆撮錄其要。輔以近數十年來西人考證之文。間有時附以一得之見。彙爲一編。名曰求法翻經錄。俾學者免除翻檢之勞。且溝通漢譯西撰不相連續難以對照之事云耳。戊辰孟秋識於宣南。

歷代求法翻經錄目錄

歷代求法翻經錄

一　漢錄二五——二二〇

相傳佛法於漢明帝時始入中國。諸書所誌。其年不一。有作永明三年（紀元六〇）。有作永明十年（六七）。有作永明十三年（七〇）。要在紀元一世紀中。佛法已入中國矣。二百年前。張騫使月氏。（按月氏之氏。得讀若氐。近人已有說。頃檢新羅人崔致遠撰法藏和尙傳。月氏之月。又音作燕。）既已知有身毒。邛杖蜀布。既能西去。竺僧佛說。亦可東來。唯據高僧傳。自六七至二二〇年間。僅有東來傳法之沙門。而無西行求法之僧衆。當二四七年僧會在建業設像行道之日。吳人尙引以爲異。東漢之時。必未博得民衆之信仰可知。則明帝之遣使尋訪佛法。猶之前者帝王之遣方士入海求仙。與社會蓋無關係也。雖然。溯本追源。不能不以騰蘭爲起點。梁任公（近著一輯中卷）

以四十二章經非漢人所譯。乃疑此二人皆子虛烏有。其實經之僞者。何止四十二章。即梵本原文。亦不能必皆佛語。茲就近日研尋所得。略舉一二事以例之。釋藏中有正法念處經 Saddharmasmrtyupasthana sutra 元魏波羅奈 Varanasi 婆羅門波若流支 Prajnaruci 之譯本也。其原有梵本。今已散佚。惟漢譯西藏譯尚存。其第七品中之閻浮提 Jambudvipa 誌。實轉錄印度史頌羅摩衍那 Ramayana 之文。此史頌雖未能詳其編定之年。要爲佛入滅後數百年之作。因其中誌有希臘安息諸地也。此種說佛滅後數百年國名之事。佛經中不少見之。如雜阿含 Samyukta Agama 所誌西方有王名鉢羅婆 Pahlava 〔即安息。〕北方有王名耶婆那 Yavana 〔即希臘。〕南方有王名釋迦 Saka〔即塞種〕東方有王名兜沙羅 Tukhara 〔即吐火羅。〕等類之文是已。余今所錄者事之託始。不在經之眞僞也。

高僧傳〔後省稱傳〕所誌漢時東來譯經之僧俗都十人。有印度人四。安息人二。月支人二。康居人二。

一　摩騰 Kasyapa-Matanga 中印度人。特明經律。六十七年。漢明帝遣蔡愔秦景等往印度尋訪佛法。見勝要還漢地。至於洛陽。漢地有沙門之始也。〔按沙門爲龜茲語 samane 之對音。騰蘭既爲中印度人。似應譯梵文 sramana 之對音爲舍羅磨拏。魏略西戎傳譯桑門晨門。尚有說也。而四十二章經內沙門二字凡數見。誠不可解。此經定非騰蘭譯本。由斯可見。顧龜茲在紀元前二世紀時已與中國相接觸。漢成哀帝時（紀元前三二至一年）往來尤數。不特可以介紹梵僧之至中國。且易迎送漢使之赴印度。則魏略博士弟子受大月氏王使伊存口受佛經之說。亦不能視爲僞造。據此假定紀元前二年時。既有漢使之去。則紀元後六十七年時。似不能否認騰蘭和其他梵僧之來也〕騰譯四十二章經一卷。後不知所終。〔傳卷一。前漢書西域傳。三國志引。魏略西戎傳〕

二　竺法蘭 Dharmaraksa。中印度人也。蔡愔等使印度。要蘭與騰同來。會彼學徒留礙。間行後至。〔按與四四錄覺賢事相類〕既達洛陽。與騰同止。少時便善漢言。愔於西域獲經。即爲翻譯五部。後四部失本。唯存四十二章經。漢地見存諸經。相傳惟此爲始也。蘭後卒於洛陽。春秋六十餘矣。〔傳卷一〕

三　竺佛朔。印度沙門也。一七九年。來適洛陽。卽轉梵爲漢。譯人時滯。雖有失旨。然棄文存質。深得經義。朔又以一七九年於洛陽出般舟三昧。支婁迦讖爲傳言。洛陽孟福張蓮筆受。〔傳卷一。支讖傳。唐智昇續集古今佛道論衡〕

四　竺大力 Mahabala 印度沙門。先是曇果 Dharmaphala 於迦維羅衛 Kapilavastu 得梵本。一九七年。力與康孟詳譯爲漢文。〔傳卷一。支讖傳〕

五　安淸字世高 Parthamasiris。安息 Parthie 國王滿屈二世 Pakor 之太子也。九七年王薨。王弟 Corroes 嗣位。淸退爲亞美尼 Armenie 王。羅馬 Trajan 帝取亞美尼。欲以淸爲安息王。國人不願。淸乃出家修道。歷印度而於一四八年至中國。至止未久。卽通習華言。於是宣譯衆經。改梵爲漢。所出經論。凡三十九部。義理明析。文字允正。一七〇年頃。一說爲人斃於會稽市內。一說爲奴刃於豫章舟中。〔傳卷一〕

六　安玄。安息國居士。博誦羣經。多所通習。一九〇年前來至洛陽。以功號爲騎都尉。常以法事爲己任。漸解漢言。志宣經典。與中國沙門嚴佛調譯經。玄口譯梵文。佛調筆受。世稱安侯〔世高〕都尉佛調三人傳譯號爲難繼。（傳卷一。支讖傳。）

七　支婁迦讖 Lokaksin。亦云支讖。月支沙門。一七六年時。遊於洛陽。以光和中平之間（一七八至一八九。）傳譯梵文。出般若 Prajna 道行 Dasasahasrika 般舟首楞嚴 Surangama 等三經。又有阿闍世 Ajatasatru 王寶積 Ratnakuta 等十餘部經。歲久無錄。前秦道安（卒於三八五年）校定古今。精尋文體。云似讖所出。凡此諸經。皆審得本旨。了不加飾。（傳卷一。唐智昇續集古今佛道論衡。）

八　支曜。月支沙門。與康巨康孟詳。並以漢靈獻之間（一六八至二二〇）有慧學之譽。馳於京洛。曜等譯經。並言直理旨。不加潤飾。（傳卷一支讖傳。）

九　康巨。康居 Sogdiane 沙門。譯經靈獻之間。（傳卷一。支讖傳。）

一〇　康孟詳。康居沙門。共竺大力譯經洛陽。（傳卷一。支讖傳。）

二　三國錄 曹魏二二〇——二六五年 孫吳二二二——二八〇年

三國時。魏吳二國共有外國譯經師十人。謂印度三人。安息二人。月支二人。龜茲一人。康居一人。康居人世居印度後徙交趾者一人。

一一　曇摩迦羅 Dharmakala 此云法時。中印度沙門。善學四韋陀 Veda 論。天文圖讖。莫不該綜。誦大小乘經。及諸部毗尼。常貴遊化。以二二二年。來至許都。譯出戒律。漢地戒律。始自乎此。後不知所終。〔傳卷一。續佛道論衡。〕

一二　康僧鎧 Samghavarman 康居人。二五二年。來至洛陽譯經。〔傳卷一。法時傳。〕

一三　曇諦 Dharmasatya 此云法實。安息國人。亦善律學。二五四年。來至洛陽譯出曇無德 Dharmagupta 部羯磨 karma〔傳卷一。法時傳。〕

一四　白延。傳云不知何許人。考龜茲 Kutcha 人多姓白。〔亦作帛。〕疑爲龜茲人。龜茲自班勇招降之後。（一二四年）久不見於中國史書。至二二四年。始遣使朝魏。是後西域遂通。置戊己校尉。〔三國志魏文本紀〕則龜茲人至洛陽。亦不足異矣。延譯經六部。後不知所終。〔傳卷一。法時傳〕

一五　安法賢　Dharmabhadra。安息人。二六五年譯經洛陽。

右曹魏五人。

一六　支謙。月支居士。二二〇年前。來遊漢境。初有支亮。資學於支讖。謙又受業於亮。博覽經籍。莫不精究。偏學異書。通六國語。漢獻末亂。避地於吳。謙以佛教雖行。而經多梵文。未盡翻譯。己妙善方言。乃收集衆本。譯爲漢語。在二二二年至二五三年間。出經四十九部。〔傳卷一。僧會傳〕

一七　維祇難　Vighna。印度人也。世奉火祆。後出家入道。遊化諸國。以二二四年。與同伴竺律炎。來至武昌。齎曇鉢經梵本。曇鉢 Dharmapada 者。卽法句經也。時吳士共請出經。難旣未善國語。乃共其伴律炎。譯爲漢文。炎亦未善漢言。頗有不盡。志在義本。辭近朴質。〔傳卷一〕

一八　竺律炎。印度人也。共維祇難譯經武昌。〔傳卷一。維祇難卷〕

一九　康僧會。其先康居人。世居印度。其父因商賈移於交阯。十餘歲出家。明解三藏。博覽六經。天文圖緯。多所綜涉。以二四七年〔智昇引吳書作二四一年〕初達建業。時江左佛教未行。會至營立茅茨。設像行道。時吳國初見沙門。覩形未及其道。疑爲矯異。有司奏有「有胡人入境。自稱沙門。容服非恆。事應檢察」等語。吳主召會詰問。大加嗟服。卽爲建塔。以始有佛寺。故號建初寺。因名其地爲佛陀里。會於其寺譯出衆經。二八〇年遘疾而終。〔傳卷一。續佛道論衡〕

二〇　支彊梁接　Kalasivi。此言正無畏。月支人也。二五六年於交州　Tonkin　譯法華三昧經。〔惠詳弘贊法華傳卷二〕

右吳五人。

三　西晉錄二六五——三一六

西晉五十二年間。有外國譯人六。內印度一人。印度人世居中國者一人。安息一人。月支一人。西域一人。又外國人一人。疑非印度人。卽西域受印度化之人。中國人西行求法者。卽始於是時。共有二人。其一人已於二六〇年時西邁矣。

二一　朱士行。〔一作衡〕潁川人。出家已後。專務經典。昔竺佛朔譯道行 Dasasahasrika 經。卽小品之舊本也。文句簡略。意義未周。士行覺文意隱質。諸未盡善。遂誓志捐身。遠求大本。以二六〇年。發迹雍州。西渡流沙。旣至于闐 Khotan。果得梵書正本。凡九十章。遣弟子弗如檀從歸陳留倉垣水南寺。無羅義手執梵本。竺叔蘭譯爲晉文。卽今放光般若 Pancavimsatika Prajnaparamita 經是也。士行遂終於于闐。春秋八十。〔傳卷四〕

二二一　無羅義 Moraksa。西域比丘。稽古多學。共竺叔蘭譯放光般若。〔傳卷四士行傳〕

二三　竺叔蘭居士。本印度人。父世避難。居於河南。蘭善於梵漢之語。共無羅義譯放光般若。三〇二年。支孝龍（疑爲月支人）就叔蘭一時寫五部。校爲定本。舊本十四匹縑。今寫爲二十卷（傳卷四。士行傳）

二四　法護。即梵名曇摩羅刹 Dharmaraksa 之對譯也。（按外國譯師同此梵名者前後四人）其先月支人。世居燉煌郡。年八歲出家。事外國沙門竺高座爲師。博覽六經。遊心七籍。晉武之世（二六五至二八九）寺廟圖像。雖崇京邑。而方等 Vaipulya sutra 深經。蘊在葱 Pamirs 外。護乃慨然發憤。志弘大道。遂隨師至西域。遊歷諸國。外國異言三十六種。書亦如之。護皆徧學。貫綜詁訓。音義字體。無不備識。遂大齎梵經。還歸中夏。自燉煌至長安。沿路傳譯。寫爲晉文。所獲賢刼正法華 Saddharma Pundarika 光贊等一百六十五部。孜孜所務。唯以弘通爲業。終身寫譯。勞不告勸。經法所以廣流中華者。護之力也。及晉惠西奔。關中擾亂。百姓流移。護與門徒避地東下。至澠池。遘疾而卒。春秋七十有八。（傳卷一）

二五　彊梁婁至 Kalaruci 印度人也。二八一年。譯經廣州。

二六　安法欽。安息人也。二八一至三〇六年。譯經洛陽。

二七　支法度。月支人也。三〇一年。譯經洛陽。

二八　若羅嚴。據諸經目錄云。外國人也。三一六年前後。在洛陽譯經。此人名似為 Jnanayana 之對音。此言智乘。非印度人。卽西域受印度文化之人。

右西晉八人。

四　東晉錄三一七——四二〇

自東晉迄宋初。一〇三年。外國譯人可考者二十七人。〔北方惟有前秦後秦前涼北涼有之。〕計印度十八人。西域二人。月支二人。龜茲一人。印度人世居龜茲者一人。康居一人。吐火羅一人。不詳何國人一人。西行求法可考者四十六人。內佚名者二十五人。

外國譯經諸師

二九　帛尸梨蜜多羅。Srimitra　此云吉友。龜茲王子。以國讓弟。遂爲沙門。晉永嘉中。〔三〇七至三一二〕始到中國。值亂乃過江至建康。止建初寺。初江東未有咒法。蜜譯出孔雀王 Mahamayuri vidyarajni 經。晉咸康中。〔三三五至三四二〕卒。考其翻譯年代。約在三一七至三四〇年之間。〔傳卷一〕

三〇　支道根。〔一作林。〕月支人。三三五年。於建康譯方等法華經。〔弘贊法華傳卷二〕

三一　竺曇無蘭　Dharmaranya。此云法正。印度人。三八一至三九五年譯經建康。

三二　支施崙。月支人。三七三年譯經前涼。

三三　曇摩持。此云法慧。亦稱法海。印度沙門。三六七年譯經前秦長安。

三四　鳩摩羅佛提　Kumarabodhi。此云童覺。印度沙門。三六九至三七一年間。譯經長安。

三五　僧伽跋澄　Samghabhata。此云衆現。罽賓人。歷尋名師。備習三藏。博覽衆典。特善數經。闇誦阿毗曇毗婆沙　Abhidharmavibhasa。貫其妙旨。常浪志遊方觀風弘化。三八一年。來入關中。先是大乘之學未廣。禪數之學甚盛。跋澄既至長安。共外國沙門曇摩難提。僧伽提婆。佛圖羅刹。秦沙門道安。佛念。法和。惠嵩等譯阿毗曇毗婆沙論。後不知所終。〔傳卷一〕

三六　曇摩蜱　Dharmapriya。此云法愛。印度沙門。三八二年譯經長安。

三七　佛圖羅刹　Buddharaksa。此云覺護。不知何國人。德業純粹。該覽經典。久遊中土。善閑漢言。其宣譯梵文。見重苻世。〔三五七至三九四〕〔傳卷一。僧伽跋澄傳〕

三八　曇摩難提　Dharmanandi。此云法喜。兜佉勒　Tukhara　人。齠年離俗。研諷經典。以專精致業。偏觀三藏。闇誦增一阿含 Ekottara Agama 經。博識洽聞。靡所不綜。是以國內遠近。咸共推服。少而觀方。偏涉諸國。故遠冒流沙。以前秦建元中〔三六五至三八四〕至於長安。先是中土羣經。未有四含 Agama。秦武威太守趙正〔後出家法名道整〕請難提譯出中 Madhyama 增一 Ekottara 二阿含。佛念傳譯。惠嵩筆受。自夏迄春。緜涉兩載。文字方具。及姚萇寇逼關內。〔二八五年五月〕人情危阻。難提乃辭還西域。不知所終。〔傳卷一〕

三九　僧伽提婆 Samghadeva 此言衆天。本姓瞿曇 Gautama 氏。罽賓人。入道修學。遠求明師。學通三藏。尤善阿毗曇心。常誦三法度論。前秦建元中。來入長安。旋適洛陽。先是廬山慧遠法師。翹懃妙典。廣集經藏。虛心側席。延望遠賓。聞提婆至止。卽請入廬岳。以晉太元之中〔三九七年前〕請出阿毗曇心及三法度等。至三九七年。届於建康。其年冬。重譯中阿含等。罽賓沙門僧伽羅義執梵本。提婆翻爲晉言。至來夏方訖。其在河洛左右。所出衆經。百餘萬言。歷遊華梵。備悉風俗。後不知所終。〔傳卷一〕

四〇　僧伽羅義 Samgharaksa 此言衆護。罽賓沙門。於三九七至三九八年間。與僧伽提婆共譯中阿含經等。〔傳卷一。提婆傳〕。

四一　迦留陀伽 Kalodaka 此言時水。印度沙門。三九二年譯經建康。

四二　康道和。康居沙門。三九六年譯經建康。

四三　鳩摩羅什 Kumarajiva 此云童壽。印度人也。父爲龜茲王妹壻。以三四四年生什。七歲隨母出家。年九歲隨母渡辛頭 Sindhu 河至罽賓 Kasmira。師事名德法師盤頭達多 Bandhudatta。從受雜 Samyukta 中 Madhyama 二含 Agama。至年十二。其母攜還龜茲。復進到沙勒 Kashgar 國。以說法之暇。尋訪外道經書。學韋陀舍多論。又博覽四韋陀典及五明諸論。陰陽星算。莫不畢盡。旋遂專務方等。廣求義要。受誦中百二論及十二門等。頃之隨母進到溫宿國 Ush-Turfan〔今烏什前人考定爲今溫宿誤〕。於是聲滿葱左。譽宣河外。龜茲王躬往溫宿。迎什歸國。至年二十。受戒於王宮。從卑摩羅義 Vimalaksas 學一切有部 Sarvastivada 十誦律。停住龜茲二年。廣誦大乘經論。什既道流西域。名被東國。三八二年。前秦主苻堅欲得什及西域珍奇。乃遣將軍呂光西伐龜茲及烏耆 Karashar 諸國。光克龜茲。得什以歸。回至涼州。聞苻堅被害。光據西涼。四〇一年。後秦主姚興滅呂。迎什入關。四〇二年初。至於長安。興待以國師之禮。自大法東被。始於漢明。涉歷魏晉。經論漸多。而支竺所出。多滯文格義。興少崇三寶。銳志講集。什既至止。仍請入西明閣及逍遙園。譯出衆經。使沙門僧肇等八百餘人。諮受什旨。凡所出經論三百餘卷。外國沙門云。什所諳。什不出一。以四一三年四月十三。〔傳作四〇九年八月二十〕卒於長安。春秋七十。〔傳卷二。唐道宣廣弘明集卷二十三。引僧肇鳩摩羅什法師誄。〕

四四　佛䭾跋陀羅　Buddhabhadra。此言覺賢。迦維羅衞　Kapilavastu　人。釋　Sakya　氏之苗裔也。以三五九年生於北印度。少出家。博學羣經。少以禪律馳名。會秦沙門智嚴西至罽賓。聞名要請。於是捨衆辭師。步驟三載。既度葱嶺。路經六國。達於交阯　Tonkin。乃附舶循海。至青州東萊郡。聞鳩摩羅什在長安。即往從之。後被流言。南指廬岳。慧遠久服風名。聞至欣喜。爲之致書關中。解其擯事。並請賢出諸經。賢停山歲餘。西適江陵。頃至建康。止道場寺。先是支法領於于闐得華嚴　Buddhavatamsaka　前分三萬六千偈。未有宣譯。到四一八年。賢爲譯匠。共沙門等百餘人。於道場譯出。又沙門法顯於西域所得僧祇　Mahasamghika　律　Vinaya　梵本。復請賢譯爲晉

文。其先後所出經論凡一十五部。一百十有七卷。以四二九年卒。春秋七十一。〔傳卷二〕

四五　曇摩卑　Dharmapriya。此云法善。印度沙門。四〇〇年。譯經建康。〔與三六錄疑爲一人。〕

四六　弗若多羅　Punyatara。此云功德華。罽賓人也。少出家。以戒節見稱。備通三藏。而專精說一切有 Sarvastivada 部十誦律。爲外國師宗。以後秦弘始中〔三九九至四一五〕振錫入關。姚主姚興待以上賓之禮。羅什亦厚相崇敬。先是經法雖傳。律藏未闡。聞多羅既善斯部。咸共思慕。以四〇四年十月十七日。集義學僧數百餘人。於長安中寺。延請羅誦出十誦律本。羅什譯爲晉文。三分獲二。多羅遘疾。奄然棄世。〔傳卷二〕

四七　曇摩流支　Dharmaruci。此云法樂。西域人也。偏以律藏馳名。以四〇五年秋。達自關中。初弗若多羅誦出十誦。未竟而亡。盧山釋慧遠。聞支既善毗尼 Vinaya〔此言律亦作毗奈耶〕。希得究竟律部。乃遣書請支。畢此譯本。支得遠書。及姚興敦請。乃與鳩摩羅什共譯十誦律。畢研詳考覆。條制審定。而什猶恨文煩未善。既而什化。不獲刪治。後支遊化餘方。不知所終。或云終於涼土。

〔傳卷二〕。

四八　弗陀耶舍　Buddhayasas 此云覺明。罽賓人也。婆羅門種。世事外道。十三歲出家。年二十七方受具戒。恆以讀誦爲務。手不釋牒。後至沙勒　Kashgar 國。太子達摩弗多　Dharmaputra。此言法子。留宮供養。鳩摩羅什後至。從舍受學。耶舍停十餘年。乃東適龜茲。〔三八二後〕時什在姑臧。遣信要之。及耶舍行達姑臧。而什已去長安。〔四〇二前〕什勸姚興徵之至。舍於逍遙園中。四一〇年。耶舍先誦出曇無德部　Dharmagupta 四分律。并出長阿含 Dirgha Agama 等。涼州沙門竺佛念譯爲秦言。至四一三年解座。後辭還外國。至罽賓。得虛空藏 Akasagarbha？經一卷。寄賈客傳與涼州諸僧。後不知所終。〔傳卷二〕。

四九　卑摩羅叉　Vimalaksas 。此云無垢眼。罽賓人。出家履道。苦節成務。先在龜茲。弘闡律藏。四方學者。競往師之。三六二年。鳩摩羅什從之學十誦律。及龜茲陷沒。〔三八二〕乃避地烏纏 Uddiyana 。頃之聞什在長安。〔四〇二至四一三〕大弘經藏。又欲使毗尼勝品。復洽東國。於是杖錫流沙。冒險東渡。以四〇六年。達自關中。什以師禮敬待。及什棄世。〔四一三〕乃適壽春。盛闡毗尼。改羅什等所譯五十八卷十誦本最後一誦。爲毗尼誦。開爲六十一卷。頃之南適江陵。律藏大弘。義之力也。後卒於壽春。春秋七十有七。〔傳卷二〕

五〇 曇摩耶舍 Dharmayasas 此云法稱。罽賓人也。少而好學。年十四爲弗若多羅所知。長而該覽經律。遊方授道。踰歷諸國。以晉隆安中〔三九七至四〇一〕初達廣州。耶舍善誦毗婆沙律。人咸號爲大毗婆沙。至義熙中〔四〇五至四一八〕北適長安。會有天竺沙門曇摩掘多 Dharmagupta 亦至關中。因共出舍利弗 Sariputra 阿毗曇 Abhidharma 以四〇七年初書梵文。至四一四年翻譯方竟。耶舍後遊江陵。大弘禪法。至宋元嘉中〔四二四至四五三〕辭還西域。不知所終。〔傳卷一〕

五一 曇摩掘多 Dharmagupta 此云法密。印度沙門也。四〇七至四一四年間與曇摩耶舍共在長安翻譯。〔傳卷一。耶舍傳〕

五二 祇多蜜 Gitamitra 此言謌友。西域沙門也。四二〇年前譯經建康。

五三 竺難提 Nandi〔此云喜其名似未全〕印度居士也。四一九年譯經建康。

五四 僧伽陀 Samghata。此云饒善。西域沙門也。四〇二至四一二年間譯經北涼。

五五 曇無讖 Dharmaraksa。舊翻法豐。中印度人。以三八五年生。幼出家。初學小乘。兼覽五明。後尊業大乘。齎大涅槃 Mahaparnirvana 經前分。及諸戒本。往適罽賓。彼國多學小乘。不信涅槃。乃東適龜茲。頃復進到姑臧。涼主沮渠蒙遜接待甚厚。請出經本。讖以未參土言。又無傳譯。恐言舛於理。不許即翻。於是學語三年。方譯寫初分十卷。時沙門慧嵩道朗。獨步河西。值其宣出經藏。深相推重。轉易梵文。慧嵩筆受。嵩朗等更請廣出諸經。次譯大集 Mahasamnipata 金光明 Suvarnaprabhasa 等六十餘萬言。讖以涅槃經本品數未足。還外國究尋。後於于闐更得經本中分。復還姑臧譯之。後又遣使于闐尋得後分。更續譯之。以四一四年初就翻譯。至四二一年十月二十三日。三袠方竟。讖云。此經梵本三萬五千偈 gatha。於此云減百萬言。今所出者。止一萬餘偈。四三一年。魏主聞讖有道術。遣使迎請。涼主留不遣。四三三年三月。讖請西行。更尋涅槃後分。涼主遣人於路害之。春秋四十九。(傳卷二)

西行求法諸師

五六　于法蘭。高陽人。十五出家。研誦經典。求法問道。必在衆先。嘗慨大法雖興。經道多闕。乃遠適西域。欲求異聞。至交州遇疾。終於象林。（卽唐書占婆）其人與支遁同時。遁曾爲追立像讚。遁歿於三六六年閏四月四日。則法蘭發足在是年之前也。（傳卷四）

五七　康法朗。中山人。少出家。善戒節。誓往迦夷。仰瞻遺跡。乃共同學四人。發趾張掖。西過流沙。行經三日。同學四人。不復西行。留止道傍故寺。唯朗更遊諸國。研尋經論。後還中山。不知所終。孫綽曾爲作讚。（傳卷四）按綽父楚卒於二八二年。綽又與支遁習鑿齒殷浩桓溫同時。卒年五十八。（晉書卷五十六）則法朗西行之年。應在三四〇以前。

五八　曇覺威德。河西沙門也。同侶共八人。結志遊方。遠尋經典。於于闐大寺。習梵音。精思通譯。（梁僧祐出三藏記集卷十）其西行應在四四五年前。（按曇覺一作慧覺。譯有賢愚經。）

五九　法領。法淨。皆廬山慧遠弟子。初經流江東。多有未備。遠慨其道闕。乃令弟子法淨法領等。遠尋衆經。踰越沙雪。曠歲方返。皆獲梵本。得以傳譯。（傳卷六慧遠傳）法領於于闐得華嚴前分三萬六千偈。四一八年佛馱跋陀羅譯爲晉文。（傳卷二佛馱跋陀羅傳）又於西域得方等新經二百餘部。〔傳卷七，僧肇傳。〕考慧遠傳。法領等得經。應在三九一年僧伽提婆至廬山譯經之前。

六〇　曇猛。後燕人也。建興末。〔三九五〕從大秦路〔按即魏略及西域圖記之北道〕入達王舍城 Rajagrha 及返之日。從陀歷道而還東夏。〔唐道宣釋迦方志卷下〕按陀歷應係諸經之陀羅陀 Darada 昔迦濕彌羅 Kasmira 今克什米爾 Cachemire 西北之達的斯坦 Dardistan。〔魏略西戎傳隋書卷六十七〕

六一　法顯。姓龔。平陽武陽人。三歲便度爲沙彌。常慨經律舛闕。誓志尋求。以三九九年。與同學慧景。道整。慧應。慧嵬等同契至印度尋求戒律。發自長安。進到張掖。與智嚴。慧簡。僧紹。寶雲。僧景等相遇。同行到燉煌。顯等五人先行。智嚴等後至。共到烏夷國。此國即昔之焉耆。今之庫車。舊考訂爲焉耆者誤也。龜茲適當呂光攻破後十餘年。故遇漢僧甚薄。智嚴慧簡慧嵬。遂返高昌求行資。法顯等六人蒙符公孫供給。遂得直進西南。得到于闐。僧紹一人於此隨胡道人向罽賓。法顯等五人。進歷子合 Karghalik 於麾 Tash-Kurghan 竭義 Kashgar。復還於麾度葱嶺。到北印度陀歷 Dardistan 國。復度新頭 Sindhu 河〔按應爲其支流 Girghit〕到烏萇 Uddiyana 國。

自此歷宿呵多國 Girarai 犍陀衛國 Gandhara 笪刹尸羅國 Taksasila 至迦膩色迦 Kaniska。起塔之弗樓沙國 Purusapura。寶雲止供養佛鉢便還。乃與慧應共還秦土。法顯遂至那竭國 Nagarahara。觀禮佛頂骨。度小雪山。慧景凍死。次歷摩頭羅 Mathura 國。至中印度。遊僧迦施國 Samkasya。〔佛上忉利天爲母說法下來處〕拘薩羅國 Kosala。舍衛城 Sravasti 祇園 Jetavana 精舍。迦維羅衛國 Kapilavastu 拘夷那竭城 Kusinagara。〔佛涅槃處〕毘舍離國 Vaisali。摩竭提國 Magadha 巴連弗邑 Pataliputra。王舍城 Rajagrha。耆闍崛山 Grdhrakuta。伽耶城 Bodhigaya。〔佛成道處〕還向巴連弗邑。順恆水 Gange 西下。歷曠野 Atavi 精舍。迦尸國 Kasi 波羅捺城 Varanasi。鹿苑精舍 Mrgadava。〔轉法輪處〕拘睒彌國 Kausambi。又還到巴連弗邑。法顯本求戒律。而北天竺諸國。皆師師口傳。無本可寫。是以遠涉至中印度。在巴連弗邑摩訶衍 Mahayana 僧伽藍 Samgharama。得摩訶僧祇 Mahasamghika〔此云大衆部〕律一部。復得一部抄律。可七千偈。是薩婆多 Sarvastivada〔卽一切有部〕律。卽昔秦地衆僧所行者也。復得雜阿毗曇心。可六千偈。又得一部經。二千五百偈。又得一卷方等般泥洹經。可五千偈。法顯住此三年。學梵語梵書。道整留此不歸。法顯欲令戒律流通漢地。於是獨還。順恆水東下。歷瞻波國 Campa 到多摩梨帝國 Tamralipti 住此二年。寫經畫像。載商舶泛海至師子國 Ceylan 又住此國二年。更求得彌沙塞 Mahisasaka 〔即化地部〕律藏本。得長阿含。雜阿含 Samyukta Agama 復得一部雜藏 Ksudraka Agama 〔即小阿含〕此悉漢土所無者。得此梵本已。即載商人大舶。海中遇風。漂至耶婆提國 Javadvipa 〔爪哇〕停此五月。復隨商人大舶。行趣廣州。又爲風漂至青州長廣郡界。時四一六年七月十四日也。凡所遊履。減三十國。在外足十六年矣。時後秦主姚興已於其年二月死。八月劉裕督軍伐後秦。所向皆捷。十月克洛陽。後秦將亡。長安道阻。顯遂南造建業。就外國禪師佛馱跋陀羅於道場寺譯出摩訶僧祇律。方等泥洹經。雜阿毗曇心論。垂有百餘萬言。後至荊州。卒於辛寺。〔應在四二三年七月前。〕春秋八十有六。〔傳卷三。又高僧法顯傳。〕

六二　寶雲。少出家。求法懇惻。忘身徇道。志欲躬覩靈迹。廣尋經要。遂以三九九年。共法顯智嚴等。發迹張掖。先後相隨。涉履流沙。登踰雪嶺。懃苦艱危。不以爲難。遂歷于闐天竺諸國。雲在外域。遍學

梵書天竺諸國音字詁訓。悉皆備解。於佛樓沙國別法顯。通歷諸國。乃歸長安。隨禪師佛馱跋陀羅
進道。俄而禪師橫爲秦僧所擯。徒衆悉同其咎。〔其事應在四一六年前〕雲亦奔散。會慧遠解其
擯事。共歸京師。安止道場寺。衆僧以雲志力堅猛。弘道絕域。莫不披襟諮問。敬而愛焉。雲譯出新無
量壽 Amitabha。晚出諸經。多雲所治定。華梵兼通。音訓允正。雲之所定。衆咸信服。江右譯梵。莫
蹤於雲。性好幽居。遂適六合山寺。譯出佛本行讚 Buddhacarita 經。以四四九年終於六合山
寺。春秋七十有四。其遊履西國。別有記傳。今佚。〔傳卷三。釋迦方志卷下〕

六三 智嚴。西涼州人。弱冠出家。便以精勤著名。每以本域丘墟。志欲博事名師。廣求經誥。三九九
年。共法顯等行抵烏夷。爲求行資。遂返高昌。復往西國。進到罽賓。從佛馱先 Buddhasena 比丘。
諮受禪法。漸染三年。時佛馱跋陀羅亦是彼國禪匠。嚴乃要請東歸。傳法東土。跋陀嘉其懇至。遂共
東行。〔按傳有踰越沙險之語。而跋陀傳則云達於交趾。泛海至於青州。未詳孰是。此事應在四〇
四年後也〕達自關中。常依跋陀。跋陀之被擯。嚴亦分散。四一七年。劉裕西克長安。延嚴還都。嚴
前遺於西域所得梵本衆經。未及譯寫。到四二七年。乃共寶雲譯出普曜 Lalitavistara 等經。嚴

後共弟子智羽智遠泛海重到天竺。至罽賓無疾而化。時年七十八。〔傳卷三〕

六四　智猛。雍州京兆新豐人。少襲法服。修業專至。每聞外國道人說天竺國土有釋迦遺跡及方等衆經。常慨然有感。遂以四〇四年。招結同志十有五人。發跡長安。出自陽關。西入流沙。陵危度險。有過前倍。遂歷鄯善龜茲于闐諸國。始登葱嶺。而九人退還。猛與餘伴進行至波崙 Bolor 國。同侶道嵩又死。與餘四人。共度雪山渡辛頭 Sindhu 河。到罽賓國。復歷迦惟羅衛 Kapilavastu 國。觀禮佛跡。又覩泥洹堅固之林 Jetavana 降魔菩提之樹 Bodhidruma。後至華氏國 Pataliputra 阿育王 Asoka 舊都。得大泥洹 Mahaparnirvana 梵本一部。又得僧祇律一部。及餘經梵本。誓願流通。於是便反。以四二四年發天竺。同行三伴又死。唯猛與曇纂俱還於涼州。出泥洹本。以四三七年入蜀。四三九年造傳記所遊歷。〔今佚〕宋元嘉末。〔四五三〕卒於成都。

〔傳卷三釋迦方志卷下〕

六五　慧叡。冀州人。常遊方而學。遊歷諸國。自蜀之西界至南天竺。音譯詁訓。殊方異義。無不必曉。後還憩廬山。俄入關從鳩摩羅什受業。後適建業。以宋元嘉中卒。春秋八十有五。〔傳卷七釋迦方志卷下。〕按羅什傳。什以四〇二年至於長安。沙門慧叡才識高明。常隨什傳寫。什每爲叡論西方辭體。商略同異云。天竺國俗。甚重文製。其宮商體韻。以入絃爲善。凡覲國王。必有讚德。見佛之儀。以歌歎爲貴。經中偈頌。皆其式也。但改梵爲秦。失其藻蔚。雖得大意。殊隔文體。有似嚼飯與人。非徒失味。乃令嘔噦云云。〔傳卷二〕則叡西行時。應在四〇二年前。釋迦方志謂叡宋元嘉中西遊誤也。

按五八錄應入魏錄脫稿時始檢出賢愚經爲四四五年譯本未及移置特附誌於此

五 劉宋錄四二〇——四七八

劉宋一代。有外國譯經師十八人。內印度五人。西域三人。吐火羅一人。外國一人。本國西行求法者五十餘人。內佚名者三十餘人。

東來譯經諸師

六六 佛馱什 Buddhajiva 此云覺壽。罽賓人也。少受業於彌沙塞部。僧專精律品。兼達禪要。以四二三年。屆於揚州。先沙門法顯於師子國得彌沙塞律梵本未及翻譯而法顯遷化。京邑諸僧聞什既善此學。於是請令出焉。以其年冬十一月集於龍光寺。譯爲三十四卷。〔今本三十卷〕稱爲五分律。什執梵文。于闐沙門智勝爲譯。至明年四月方竟。什後不知所終。〔傳卷三〕

六七 伊葉波羅 Isvara 此云自在。外國人也。四二六年。譯經彭城。〔傳卷三。求那跋摩傳〕

六八 浮陀跋摩 Buddhavarman 此云覺鎧。西域人也。習學三藏。偏善毗婆沙論。常誦持此部。

以爲心要。以四三七年前達於西涼。先於沙門道泰西行得毗婆沙本。還聞跋摩遊心此論。請爲翻譯。於四三七年四月八日於涼州城內閑豫宮中請跋摩譯焉。泰卽筆受。再周方訖。凡一百卷。（今本八十卷。）元魏西伐姑臧。涼土崩亂。（四三九年九月。）經書什物皆被焚蕩。遂失四十卷。跋摩避亂西反。不知所終。（傳卷三）

六九　求那跋摩　Gunavarman。此云功德鎧。本罽賓王種。以三六七年生。至年二十。出家受戒。洞明九部。博曉四含。誦經百餘萬言。深達律品。妙入禪要。時人號曰三藏法師。至年三十。辭讓王位。遁迹山野。後到師子國。觀風弘教。又至闍婆。（今爪哇。）國王母敬禮。從受五戒。王亦受戒。一國皆從。道化之聲。播於遐邇。鄰國聞風。皆遣使要請。宋京沙門慧觀慧聰等。以四二四年面啓文帝。求迎請之。帝勅交州。令泛舶延致。觀等又遣沙門法長道沖道儁等往彼祈請。幷致書於跋摩及闍婆王婆多伽等。適跋摩以聖化宜廣。不憚遊方。先已隨商舶。欲向一小國。會値便風。遂至廣州。自廣赴京。路由始興。停留數載。以四三一年正月。達於建業。住祇洹寺。祇洹慧義請出菩薩善戒。始得二十八品。後弟子代出二品。成三十品。未及繕寫。失序品及戒品。初伊業波羅譯雜心 Samyukta hrdaya

未覺。至是並請跋摩譯出後品。足成十三卷。并先所出四分羯磨優婆塞五戒略論。優婆塞二十四戒等凡二十六卷。並文義詳允。梵漢弗差。其年九月二十八日卒於祇洹寺。春秋六十有五。〔傳卷三〕。

七〇　畺良耶舍 Kalayasas。此云時稱。西域人也。善誦阿毗曇。Abhidharma 博涉律部。其餘諸經。多所該綜。雖三藏兼明。而以禪門專業。以元嘉之初。〔始四二四〕。卒於建業。沙門僧含請譯藥王藥上觀及無量壽觀。含即筆受。頃之移憩江陵。四四二年西遊岷蜀。後還卒於江陵。春秋六十矣。〔傳卷三〕。

七一　曇摩蜜多 Dharmamitra。此云法秀。罽賓人也。以三五六年生。七歲出家。博貫羣經。特深禪法。少好遊方。誓志宣化。周歷諸國。遂適龜茲。王請留止。居數載。乃度流沙。進到燉煌。頃之復適涼州。以四二四年至蜀。俄而出峽。停止荊州。頃之沿流東下。至於建業。於祇洹寺譯出禪經禪法要普賢 Samantabhadra 觀虛空藏觀等。四四二年卒於鍾山上定林寺。春秋八十有七。〔傳卷三〕。

七二　僧伽跋摩 Samghavarman。此云衆鎧。印度人也。少而棄俗。善解律藏。尤精雜心。以四三三年。步自流沙。至於建業。慧觀等以跋摩妙解雜心。諷誦通利。更請出焉。寶雲譯語。觀自筆受。一周乃訖。續出摩得勒伽 matrka 等。跋摩遊化爲志。不滯一方。既傳經事訖。辭還本國。衆咸祈止。莫之能留。四四二年。隨西域賈人舶還外國。莫詳其終。〔傳卷三〕

七三 求那跋陀羅 Gunabhadra。此云功德賢。中印度人。三九四年生。以大乘學故。世號摩訶衍 Mahayana。本婆羅門種。幼學五明諸論。天文書算。醫方呪術。莫不該博。後遇見阿毗曇雜心。尋讀驚悟。乃深崇佛法焉。其家世外道。禁絕沙門。乃捨家受具。博通三乘。頃之辭小乘師。進學大乘。跋陀前到師子諸國。皆傳送資供。既有緣東方。乃隨舶汎海。四三五年。來至廣州。宋太祖遣使迎接。既至建業。衆僧共請出經。於祇洹寺出雜阿含經。東安寺出法鼓經。後於丹陽郡出勝鬘楞伽經。寶雲傳譯。慧觀執筆。後至荊州。居止辛寺。又出無憂王等諸經。前後所出凡百餘卷。常令弟子法勇〔不知與曇無竭是否一人〕傳譯度語。四五三年。復至建業。四六八年卒。春秋七十有五。〔傳卷三〕

七四 功德直 Gunasila。西域人。四六二年前至荊州譯經。玄暢刊正文字。〔傳卷九玄暢傳〕

七五　僧伽跋彌 Samghavarman。師子國沙門。四七八年前譯經建業。

西行求法諸師

七六　沮渠京聲。北涼主沮渠蒙遜之從弟也。封安陽侯。少時嘗度流沙。至于闐國。於瞿摩帝 Gomati 大寺。遇天竺法師佛馱斯那 Buddhasena〔不知與智嚴在罽賓師事者是否一人〕諮問道義。既而東歸。因曇無讖入河西〔四一二〕弘闡佛法。安陽乃銳意內典。所讀衆經。即能諷誦。常以爲務。及元魏併涼〔四三九〕乃南奔於宋。常遊止塔寺。翻譯經文。後遘疾而終。〔傳卷二。曇無讖傳〕

七七　道泰。西涼沙門。少遊葱右。偏歷諸國。得毗婆沙本十有萬偈。還至姑臧。企待明匠浮陀跋摩至涼。乃請翻譯。時在四三七年也。其事並見前〔六八〕錄〔傳卷三浮陀跋摩傳。釋迦方志卷下〕

七八　曇無竭 Dharmavikrama。此云法勇。姓李。幽州黃龍人。幼爲沙彌。便修苦行。嘗聞法顯等躬踐佛國。乃慨然有忘身之誓。遂以四二〇年招集同志沙門僧猛曇朗之徒二十五人。共齎旛蓋供養之具。發迹此土。遠適西方。初至河南國。仍出海西郡。進入流沙。到高昌郡。經歷龜茲沙勒諸國。登葱嶺。度雪山。障氣千重。層冰萬里。下有大江。流急若箭。於東西兩山之脅。繫索爲橋。十人一過。到彼岸已。舉煙爲幟。後人見煙。知前已度。方得更進。若久不見煙。則知暴風吹索。人墮江中。行經三日。復過大雪山。懸崖壁立。無安足處。石壁皆有故杙孔。處處相對。人各執四杙。先拔下杙。右手攀上杙。展轉相攀。經三日方過。及到平地相待。料檢同侶。失十二人。進至罽賓國。禮拜佛鉢。〔據此錄可知在五世紀之初。卽以罽賓稱迦畢試 Kapisa 矣。按佛鉢在弗樓沙。（法顯傳）弗樓沙卽西域記健陀羅都城布路沙布邏 Peshawar。其國役屬迦畢試。與漢以罽賓稱唐之迦濕彌羅 Kasmira 者有別也。〕停歲餘。學梵書梵語。求得觀世音 Avalokitesvara 受記經梵文一部。復西行至辛頭 Sindhu 那提 nadi〔那提梵文此言河也〕河。漢言師子口。〔按辛頭河出金象口。斯陀河卽塔里木河出師子口。此誤。〕緣河西入月氏國。禮拜佛肉髻骨。後至檀特山〔卽西域記之彈多落迦山〕石留寺。佛馱多羅 Buddhatrata 前受大戒。復行向中天竺界。路既空曠。唯齎石蜜爲糧。同侶十三人。八人又死於道。將至舍衞。又遇師象。及度恆河。復值野牛。後於南天竺隨舶汎海。達廣州。譯出觀世音受記經。所歷事迹。別有記傳。今佚。後不知所終。〔傳卷三。釋迦方志卷下。謂法勇在

宋永初六年發迹雍部。宋惟有永初三年。六年應爲元年之誤。〕

七九　道普。高昌沙門。經遊西域。徧歷諸國。供養尊影。頂載佛鉢。四塔道樹。足跡影像。無不瞻觀。善能梵書。備諸國語。四三三年。曇無讖被害之後。所出諸經。傳至建業。道場寺慧觀法師。欲重尋涅槃後分。乃啓宋太祖資給遣普將書吏十人西行尋經。至長廣郡。舶破傷足。因疾而卒。此後涅槃經遂止於讖譯之本矣。普遊履異域。別有大傳。今佚。〔傳卷二。曇無讖傳釋迦方志卷下〕

八〇　法盛。高昌人。亦經往佛國。著傳四卷。盛不詳爲何時人。因高僧傳及釋迦方志皆附見於道普之後。傳且言時高昌有沙門法盛一語。則知爲普同時人也。〔傳卷二曇無讖傳釋迦方志卷下〕

八一　慧覽。姓成。酒泉人。曾遊西域。頂載佛鉢。仍於罽賓從達摩 Dharma〔似非全名〕比丘諮受禪要。達摩以戒法授覽。還至于闐。復以戒法授彼方諸僧。後乃歸宋大明中〔四五七至四六四〕卒。春秋六十餘矣。〔傳卷十二〕

八二　法獻。姓徐。西海延水人。先隨舅至梁州出家。至四三九年。方至建業。止定林上寺。博曉經律。志業強悍。先聞智猛西遊。〔四〇四至四二四〕備矚靈異。乃誓欲忘身往觀聖迹。以四七五年。發

踵金陵。西遊巴蜀。路出河南。道經茜芮。既到于闐。欲度葱嶺。値棧道斷絕。遂於于闐而反。其經途危
阻見於別記。（今佚。）獻以齊建武末（四九七）卒。（傳卷十四。）

八三　法維。僧表。（釋迦方志作法表。）二人並經往佛國。不知其時代籍貫。附曇無讖傳。道普法
盛之後。（傳卷二。）此外尙有法長道沖道儁係慧觀（四二三。）遣往爪哇赴爪哇迎求那跋摩
至宋者。雖非求法。亦屬遊履外國之人也。（見六九錄。）

八四　據義淨大唐西域求法高僧傳卷上。慧輪 Prajnavarman 傳云。那爛陀寺東四十驛
dak 許。尋殑伽 Ganga 河而下。至蜜栗伽悉他鉢娜 Mrgasidavana 寺。（原註唐云鹿園寺
也。）去此寺不遠有一故寺。但有磚基。厥號支那寺 Cinavihara 古老相傳云。是昔寶利笈多
Srigupta 大王爲支那國僧所造。（原註支那卽廣州。莫訶支那 Mahacina 卽京師。）於時有
唐僧二十許人。從蜀川牂牁道而出。（原註蜀川去此寺有二百餘驛。）向莫訶菩提 Mahabodh
禮拜。王見敬重。遂施此地。以供停息。給大村封二十四所。於後唐僧亡沒。村乃割屬餘人。現有三村
入鹿園寺矣。准量支那寺至今可五百餘年矣。現今地屬東印度王。其王名提婆跋摩 Devavar

man 每言曰。若有大唐天子處數僧來者。我爲重興此寺。還其村封。令不絕也。云云。考印度四五六世紀間。有笈多 Gupta 王朝。其王俱以笈多名。寶利笈多。此言勝密。疑卽此笈多王朝九王之一。四世紀下半葉及五世紀中。西行求法之人甚衆。類多結侶同行。如曇學等八人。法顯等九人。智猛等十五人。法勇等二十五人是已。此二十餘人。必亦如法勇「聞法顯等躬踐佛國。慨然有忘身之誓」。如法獻「聞智猛西遊。乃誓欲忘身」之類。同契西邁。其時必在勇獻之後。亦在笈多王朝之時。至古老相傳「至今可五百餘年」之語。五百必爲二百之訛。緣印度人言數之多。常云五百。如五百羅漢。五百商人等數。乃言其多。且印度人不務正確。動言成數。五百云云。未足信也。〔義淨大唐西域求法高僧傳（後省稱求法傳）卷上。慧輪傳。〕

六　元魏北齊北周錄四三九——五八一

自元魏至北周。一百四十二年間。東來譯師十二人。皆爲印度人。西行求法者僅十六人。內佚名者二人。比之晉宋。有遜色焉。

外國譯經諸師

八五　吉迦夜。諸經錄云西域沙門。應爲印度人。魏文成帝於四五二年卽位。重興佛法。沙門曇曜。帝禮爲師。曜請帝於京西武周山谷石壁。開窟多所。建立佛寺。名曰靈巖。諸龕鐫像。窮諸巧麗。櫛比相連。三十餘里。〔魏書釋老志〕卽今大同雲岡石窟是也。曇于石窟集諸德僧。對天竺沙門吉迦夜等。譯付法藏傳。幷淨土經。〔慧皎續高僧傳（後省稱續傳。）卷一。〕

八六　曇摩流支　Dharmaruci。此云法希。亦云法樂。南印度沙門。以五〇一至五〇七年間。譯經洛陽。〔華嚴經傳記卷一。〕

八七　勒那摩提 Ratnamati 此云寶意。中印度沙門也。博贍之富。理事兼通。尤明禪法。意存遊化。以五〇八年初屆洛陽。譯十地寶積論等大部二十四卷。〔續傳卷一菩提流支傳〕

八八　菩提流支 Bodhiruci 此云道希。北印度人也。遍通三藏。妙入總持，志在弘法。遂挾道胥征。遠蒞葱左。以五〇八年來遊洛陽。宣武帝下勅引勞。處之永寧大寺。以流支爲譯經元匠。創翻十地 Dasabhumi。又勅李廓撰衆經錄。據其錄云。三藏流支自洛及鄴。爰至天平。〔五三四至五三七〕二十餘年。凡所出經三十九部。一百二十七卷。廓又云。三藏法師流支房內經論梵本可有萬夾。所翻新文。筆受藁本。滿一間屋。然其慧解。與勒那摩提相亞。〔續傳卷一〕

八九　佛陀扇多 Buddhasanta 此云覺定。北印度人也。從五二〇年至五三九年於洛陽白馬寺及鄴都金華寺。譯出金剛上味等經十部。當翻經日。於洛陽內殿。流支傳本。餘僧參助。其後三德〔謂流支摩提扇多三人〕乃徇流言。各傳師習。不相詢訪。乃勅三處各翻。訖乃參校。其間隱沒。互有不同。致有文旨時兼異綴。後人合之。共成通部。〔續傳卷一流支傳〕

九〇　般若流支 Prajnaruci 此云智希。亦云覺希。印度波羅奈 Varanasi 城婆羅門。姓瞿曇

Gautama　氏。從五三八至五四二年。於鄴城譯正法念處等經論。凡一十四部。八十五卷。當時菩提流支與般若流支前後出經。而衆錄傳寫。率多輕略。各去上字。但云流支。不知是何流支。迄後羣錄譯目相涉。難得詳定。〔續傳卷一〕

九一　毗目智先　Vimoksasena　印度沙門。五四一年前譯經鄴城。

九二　達磨菩提　Dharmabodhi　此云法覺。印度沙門。五五〇年前譯經鄴城。

九三　攘那跋陀羅　Jnanabhadra　此云智賢。印度波頭摩國律師。五五八年共耶舍崛多 Yasogupta 等譯五明論。謂聲醫工術及符印等。〔續傳卷一。流支傳〕後還西國。〔見一一〇錄〕

九四　達摩流支　Dharmaruci　此云法希。印度摩勒國　Malasa？沙門。於五六六至五七一年間譯婆羅門天文二十卷。〔續傳卷一。流支傳〕

九五　闍那耶舍　Jnanayasas　此云勝名。亦云藏稱。摩伽陀　Magadha　國禪師。共弟子闍那崛多等。以五六一至五七八年間。於長安譯定意天子經六部。〔續傳卷一。流支傳〕後卒于突厥。〔見一一〇錄〕

九六　耶舍崛多 Yasogupta。此云稱藏。印度沙門。五六一至五七八年間。譯經長安。〔見一一〇錄。〕

九七　道榮。〔按諸本幷作道藥。僧名用藥字者僅見。至榮字則常見有之。茲據洛陽伽藍記世傳最古本明如隱堂刻本改作道榮。〕元魏沙門。太武末年〔四五一〕從疏勒道入經懸度到僧伽施 Samkasya 國。及返還。尋故道。著傳一卷。今已不傳。唯洛陽伽藍記節引之。其行跡所經。已歷烏萇 Uddiyana 乾陀羅 Gandhara 那迦羅訶 Nagarahara 等國。〔釋迦方志卷下。洛陽伽藍記卷五。〕

九八　惠生。〔亦作慧生。唯釋迦方志作道生。〕元魏沙門。五一八年十一月。〔據洛陽伽藍記。至魏書釋老志作五一六年出使。五二二年歸國。時期略有參差。自應以五四七年楊衒之所記爲是。〕與燉煌人宋雲。〔魏書嚈噠傳云。遣王伏子統宋雲。沙門法力等使西域訪求佛經。時有沙門慧生者亦與俱行。〕向西域取經。凡得一百七十部。皆是大乘妙典。雲等發迹京師。歷吐谷渾鄯善于闐朱駒波 Karghalik 渴盤陀 Tash-Kurghan 葱嶺鉢和 Wakhan 嚈噠 Hephthalites

波斯〔按卽波知。非西方之波斯。地在 Chitral 北山之中。〕賒彌 Chitral 烏場 Uddiyana 乾陀羅等國。沿途所經佛跡。悉以胡太后所付五色幡香袋。及王公卿士所付幡。奴婢多人。捨之。惠生留烏場二年。至五二一年歸國。宋雲撰有家記。惠生撰有行記。今皆不傳。唯楊衒之洛陽伽藍記節引之。〔洛陽伽藍記卷五。釋迦方志卷下。魏書釋老志及嚈噠傳。〕

九九　寶暹。道邃。僧曇。智周。僧威。法寶。智昭。僧律等十人。皆北齊沙門也。以五七五年相結同行。採經西域。往返七載。將事東歸。凡獲梵本二百六十部。行至突厥。俄而齊亡。時北印度僧闍那崛多 Jnanagupta 適爲突厥所留。寶暹等因與同處講道相娛。所齎新經。請翻名題。勘舊錄目。轉覺巧便。有異前人。各私慶幸。獲寶遇匠。同誓焚香。共契宣布。五八一年季冬。暹等齎經屆止京邑。勅付所司。訪人令譯。〔續傳卷二。闍那崛多傳。唐智昇開元釋教錄卷七。〕

七　南齊梁陳錄四七九——五八九

南朝齊梁陳三代。一百一十年間無一西行求法之人。〔唯有一往扶南迎佛髮之雲寶見一〇七眞諦錄。〕外國譯師至此可考者共有十八人。內印度四人。西域三人。扶南三人。扶南卽昔之眞臘吉蔑 Khmer 今之柬浦塞 Cambodge。南海僧人傳經之事首見于此。亦可覘是時南海交通之便。

一〇〇　曇摩伽〔應爲闍之訛〕陀耶舍 Dharmajatayasas 此云法生稱。印度沙門也。四八一年譯經建業。

一〇一　摩訶乘 Mahayana。西域沙門也。四八三至四九三年間譯經建業。

一〇二　僧伽跋陀羅 Samghabhadra。此云衆賢。西域沙門也。四八九年譯經建業。

一〇三　達摩摩提 Dharmamati。此云法意。西域沙門也。四九〇年譯經建業。

一〇四　求那毗地 Gunavrddhi。此言安進。中印度人。弱年從道。師事天竺大乘法師僧伽斯 Samghasena。諳究大小乘。兼學外典。明解陰陽。四七九年。來至建業。止毗耶離 Vaisali 寺。（寺以外國國名者其事僅見。）以四九二年譯僧伽斯所抄經藏中要切譬喻 Avadana 百事爲齊文。凡有十卷。謂百喩經。復出十二因緣。及須達 Sudatta 長者經。各一卷。自永明以後。（四九三）譯經殆絕。及其宣流。世咸稱美。毗地爲人弘厚。故萬里歸集。南海商人咸宗事之。以五〇二年（高僧傳作齊中興二年冬。按是年夏四月蕭衍稱帝。改元天監。慧皎梁人。不應沿用中興年號。似爲元年之訛。則爲五〇一年矣。但陰曆冬杪。則爲陽曆年初。故仍作五〇二年。）終於建業正觀寺。（傳卷三。）

右南齊五人（四七九——五〇一）

一〇五　曼陀羅 Mandra。此云弘弱。亦作曼陀羅仙 Mandrasena。扶南沙門也。梁初（始五〇二年）大齎梵本。遠來貢獻。勅與僧伽婆羅 Samghapala 共譯經三部。合一十一卷。雖事傳譯。未善梁言。故所出經。文多隱質。（續傳卷一僧伽婆羅傳。）

一〇六　僧伽婆羅 Samghapala。此云僧養。亦云僧鎧。〔則其名亦可作僧伽跋摩 Samgh-avarman〕扶南人也。以四六〇年生。幼而穎悟。早附法律。學年出家。偏業阿毗曇論。聲榮之盛。有譽海南。具足已後。廣習律藏。勇意觀方。樂崇開化。聞齊國弘法。隨舶至都。住正觀寺。爲天竺沙門求那跋陀羅之弟子。復從跋陀研精方等。未盈炎燠。博涉多通。乃解數國書語。值齊曆亡墜。道教凌夷。婆羅擁室栖閑。養素資業。梁朝搜訪術人。以五〇六年被勅徵召。於楊都壽光殿華林園正觀寺〔南海商人所建〕占雲館〔此館疑爲占婆僧舍〕扶南館等五處傳譯。訖五一八年。都合一十一部。四十八卷。初翻經日。於壽光殿。武帝躬臨法座。筆受其文。然後乃付譯人。盡其經本。五二四年。因疾卒於正觀。春秋六十有五。〔續傳卷一〕

右梁二人（五〇二——五五六）

一〇七　波羅末陀 Paramartha。此云眞諦。或云拘那羅陀 Gunarata。此言親依。西印度優禪尼 Ujjayani〔西人考定認爲烏萇。但余以爲卽西域記之鄔闍衍那 Ujjayani。今之 Ujjain。蓋烏萇在北印度。而此處則明言西印度也。〕國人也。以四九九年生。羣藏廣部。罔不措懷。藝術異能。偏素諳練。雖遵融佛理。而以通道知名。遠涉艱關。無憚夷險。歷遊諸國。隨機利見。五三九年。（續傳作大同中。考梁書卷三大同中扶南入貢二次。一在大同元年。（五三五）一在大同五年。（五三九。）又梁書卷五十四扶南傳云。五年復遣使獻生犀。言其國有佛髮長一丈二尺。詔遣沙門釋雲寶隨使往迎之。此使應為續傳之張汜。）勅張汜等送扶南獻使返國。仍請名德三藏大乘諸論雜華經等。彼國乃屈眞諦并齎經論。以五四六年八月十五日。達于南海。沿路所經。乃停兩載。以五四八年閏八月。始屆京邑。諦欲傳翻經教。以侯景之亂。不果宣述。乃步入東土。又往富春。翻十地經論。五五二年。為侯景請還。在臺供養。會元帝卽位。（五五二年十一月）乃止于金陵正觀寺。翻金光明 Suvarnaprabhasa 經。五五四年二月。還返豫章。後度嶺至于南康。並隨方翻譯。栖遑靡託。逮五五八年七月。還返豫章。又止臨川晉安諸郡。眞諦雖傳經論。道缺情離。本意不申。更觀機壞。遂欲汎舶往楞伽修 Lankasuka （今馬來半島北部）國。道俗留之。遂停南越。便與前梁舊齒。重覆所翻。至五六〇年。翻攝大乘等論。首尾兩載。無心寧寄。又汎小舶。至梁安郡。更裝大舶。欲返西國。學徒留之。權止海隅。伺旅束裝。未思安堵。至五六二年九月。發自梁安。汎舶西引。業風賦命。飄還廣州。十二月中。上南海岸。刺史延住。請翻新文。至五六八年六月。諦厭世浮雜。遂入南海北山。將捐身命。道俗奔赴。伺衛防遏。時宗愷諸僧。欲延還建業。會楊輦碩望。恐奪時榮。奏阻不果。五六九年正月十一日。遘疾遷化。時年七十有一。諦在梁陳二代。凡二十二載。所出經論記傳六十四部。合二百七十八卷。餘有未譯梵本書並多羅 tala 樹葉。凡有二百四十夾。若依陳紙翻之。則列二萬餘卷。今見譯訖。止是數夾之文。〔續傳卷一。眞諦傳。〕

一〇八　月婆首那 Udasunya 此云高空。中印度優禪尼國王子。專學佛經。尤精義理。洞曉音韻。以五三八年。於鄴城譯僧伽吒 Samghata 經等三部七卷。齊受魏禪〔五五〇年〕。蕃客任情。那請還鄉。辭齊南度。旣達金陵。仍被留住。因譯大乘頂王經。五六五年。又譯勝天王般若。那後不知所終。〔續傳卷一。眞諦傳。〕

一〇九　須菩提 Subhuti 此云善吉。扶南國沙門也。爲陳主譯大乘寶雲經八卷。〔續傳卷一。眞諦傳。〕

右陳三人（五五七——五八八）

八　隋錄五八一——六一八

隋代三十七年。東來譯師七人。屬印度者五人。西域一人。其一人不詳為何國人。西行求法者無一人。

一二〇　闍那崛多 Jnanagupta。舊翻德志。（此云智密或智藏。）犍陀羅 Gandhara 國人也。父名跋闍邏婆囉 Vajrapala。此云金剛堅也。崛多以五二三年生。兄弟五人。身居最小。髫年出家。本國有寺名曰大林 Mahavana。遂往歸投。其鄔波第耶 Upadhyaya。此謂和上。名曰嗜那耶舍 Jnanayasas。此名勝名。（見九五錄）其阿遮利耶 Acarya。此謂傳授。或謂正行。即所謂阿闍梨也。名曰闍若那跋達囉 Jnanabhadra。此云智賢。（見九三錄。似續傳所採材料不同。故譯名有異。）遍通三學。偏名律藏。崛多時年二十有七。受戒三夏。師徒結志。遊方弘法。初有十人。（內有見九六錄之稱藏。）同契出境。路由迦臂施 Kapisa（即迦畢試今之 Kafiristan

國。淹留歲序。國王敦請其師。奉爲法主。益利頗周。將事巡歷。便踰大雪山 Hindu kush 西足。固是天險之峻極也。至厭怛國。（卽前之嚈噠。今之 Badakshan）既初至此。野曠民希。所須食飲。無人營造。蝸多遂捨具戒。竭力供伺。數經時艱。幸免災橫。又經渴羅槃陀 Tash-kurghan 及于闐等國。屢遭夏雨寒雪。暫時停住。既無弘演。栖寓非久。又達吐谷渾國。便至鄯州（今甘肅碾伯縣治）時五五二年也。（按續傳作西魏大統元年（五三五）誤。蓋蝸多卒於開皇二十年（六〇〇）年七十有八。此時不僅十三歲乎。與年二十七結志遊方之說不符。此時應已約有三十歲。故計其時在五五二年）。雖歷艱危。心逾猛厲。發蹤跋涉。三載於茲。十人之中。過半亡沒。所餘四人。（卽智賢勝名稱藏與蝸多四人）。僅存至此。（後惟智賢一人還國）。以五五九至五六〇年間。初屆長安。止草堂寺。漸通華語。尋從本師勝名。被周明帝延入後園。共論佛法。爲造四天王寺。聽在居住。自玆以後。乃翻新經。既非弘泰。羈縻而已。所以接先闕本傳度梵文。會譙王宇文儉鎭蜀。復請同行。於彼三年。恆任益州僧主。又翻觀音偈佛語經。武帝（五六一年立）下勅追入京輦。重加爵錄。逼從儒禮。秉操鏗然。守死無懼。帝愍其貞亮。哀而放歸。路出甘州。北由突厥。闍梨智賢。還西滅度。

崛多及和上勝名。乃爲突厥所留。未久之間。和上遷化。隻影孤寄。莫知所安。賴以突厥君臣爲齊僧惠琳所化。陀鉢可汗建一伽藍。遣使聘齊。求取經律。因斯飄寓。隨方利物。有齊僧寶暹等〔見九九錄〕以五七五年〔時當突厥陀鉢可汗（五七二至五八一）之時〕採經西域。往返七載。行至突厥。俄而齊亡。〔五七七〕亦投彼國。因與同處。講道相娛。暹等各私慶幸。獲寶遇匠。隋朝受禪。暹等乃齎經歸國。五八一年。屆止京師。文帝勅付所司。訪人令譯。於大興善寺傳度法本。五八二年仲春。便就傳述。時崛多仍住突厥。至五八五年。大興善寺沙門曇延等三十餘人。以躬當翻譯。音義乖越。承崛多在北。乃奏請還。帝乃別勅追延。崛多西歸已絕。流滯十年。忽蒙遠訪。欣願交并。即與使者同來入國。於時文帝巡幸洛陽。於彼奉謁。天子大悅。賜問頻仍。未還京闕。尋勅敷譯新至梵本。衆部彌多。或經或書。且內且外。諸有翻傳。必以崛多爲主。僉以崛多言識異方。字曉殊俗。故得宣辯自運。不勞傳度。理會義門。句圓詞體。文意粗定。銓本便成。筆受之徒。不費其力。爾時耶舍已亡。〔疑指勝名。但亦得爲稱藏也。〕專當元匠。於大興善。更召婆羅門僧達摩笈多 Dharmagupta。并勅居士高天奴、高和仁兄弟等。同傳梵語。崛多自從西服。來至東華。循歷翻譯。合三十七部。一百七十六卷。

又與西域沙門若那竭多 Jnanagupta 等翻梵古書及乾文。至五九二年翻訖。合二百餘卷後因事流擯東越。至六〇〇年便從物故。春秋七十有八。崛多曾傳於闐東南（按西域記斫句迦國在于闐西八百餘里。卽今之哈爾噶里克 Karghalik 此言東南誤也）二千餘里有遮拘迦國。彼王純信敬重大乘。宮中自有摩訶般若 Mahaprajna 大集 Mahasamnipata 華嚴 Avatamsaka 三部。此國東南可二十餘里。山甚巖險。有深淨窟。置大集華嚴方等寶積楞伽方廣舍利弗花聚二陀羅尼都薩羅藏摩訶般若八部般若大雲經等凡十二部。減十萬偈云。（續傳卷二隋書卷八十四西域記卷十二）

一一一　達摩般若 Dharmaprajna。姓瞿曇氏。般若流支（見九十錄）之子也。本中印度人。流滯東川。遂隸華俗。而門世相傳。祖習傳譯。高齊之季。爲昭玄都。齊國既平。佛法同毀。智因僧職。轉任俗官。再授洋州洋川郡守。隋氏受禪。（五八一年）梵牒卽來。有勅召還。使掌翻譯。法智妙善方言。執本自傳。不勞度語。譯差報差別經等。（續卷闍那崛多傳）

一一二　那連提黎耶舍 Narendrayasas 此云等稱。北印度烏場國人也。（續卷云。正音應云鄔荼則爲 Uda。但註又云音持耶反則爲 Uddiyana。亦卽西域記卷三之烏仗那。新唐書卷二二一下吐火羅傳之越底延也〕以五一七年生。年十七出家。二十一受具。聞諸宿老。欲佛影迹。或言某國有鉢。某國有衣頂骨牙齒神變非一。遂卽起心願得瞻奉。以戒初受。須知律相。旣滿五夏。發足遊方。廣周諸國。北背雪山 Himalaya。南窮師子 Ceylan。曾竹園寺。一住十年。歷覽聖跡。仍旋舊壤。後行化雪山之北。循路東指。到芮芮國。値突厥亂。〔按突厥木杆可汗於五五五年前後。東滅柔然。（卽此芮芮）西破嚈噠。南降吐谷渾。故西路不通。時㑹稱正年三十餘歲也〕西路不通。返鄉意絕。乃隨流轉。北至泥海之旁。南距突厥七千餘里。彼旣不安。遠投齊境。五五六年屆於京鄴。耶舍時年四十。齊文宣帝禮遇隆重。安置天平寺中。請爲翻經。三藏殿內梵本千有餘夾。勅送於寺。初翻衆經五十餘卷。未幾授昭玄都。俄轉爲統。曾往突厥客館。勸持六齋。周武克齊。〔五七七年〕佛教與國。一時平珍。耶舍外假俗服。內襲三衣。避地東西。便歷四年。隋受周禪。〔五八一〕梵經遙應。爰降璽書。請來弘譯。五八二年七月。弟子道密等侍送入京。住大興善寺。其年季冬。草創翻譯。後移住廣濟寺。爲外國僧主。存撫羇客。妙得物心。以五八九年卒。春秋七十有三。〔續傳有時滿

百歲之語誤也。〕耶舍遊涉四十餘年。國五十餘。里十五萬。所譯經論。凡一十五部。八十餘卷。〔續傳卷二〕

一一三　毗尼多流支 Vinitaruci。此云滅喜。烏場國人也。不遠五百由旬來觀盛化。五八二年。譯經二部。〔續傳卷二。那連提黎耶舍傳〕

一一四　菩提登 Bodhitan。未詳何國人。在外國譯有占察經兩卷。〔續傳卷二。達摩笈多傳〕

一一五　若那竭多 Jnanagupta。西域沙門。於五九二年共闍那崛多於內史內省翻古書及乾文二百餘卷。〔續傳卷二闍那崛多傳〕

一一六　達摩笈多 Dharmagupta。此云法密。南印度羅囉國人也。〔按此羅囉國。應爲西域記之南羅囉國。卽古之摩臘婆 Malava。今之 Malwa。是已。其國在摩揭陀國之西南。〕年二十三出家。歷遊諸國。及以僧寺。聞見倍多。北路商人傳言東域有支那大國。初雖傳述。不甚明信。但以志在遊方。情無所繫。遂往迦臂施國。六人爲伴。仍留此國。停住王寺。笈多遂將四伴。於國城中二年停止。遍歷諸寺。備觀所學。遠遊之心。尙未寧處。其國乃是北路之會。雪山北陰。商旅咸湊。其境。於商客所。又聞支那大國三寶興盛同侶一心。屬意來此。非惟觀其風化。願在利物弘經。便踰雪山西足。薄佉羅 Balkh 國。波多義拏 Badakshan 國。達摩悉鬚多 Wakhan 國。並不久住。又至渴羅槃陀 Tash-Kurghan 國。留停一年。未多開導。又至沙勒 Kashgar 國。同伴一人。復還本邑。餘有三人。停住王寺。經住兩載。爲彼僧講說破論。又爲講如實論。又至龜茲國。亦停王寺。又住二年。仍爲彼僧講釋前論。其王篤好大乘。多所開悟。留引之心。旦夕相造。笈多係心東夏。無志潛停。密將一僧，間行至烏耆 Karashar 國。在阿爛那寺講通前論。又經二年。漸至高昌 Karakhojo。客遊諸寺。其國僧侶。多學漢言。雖停二年。無所宣述。又至伊哥 Hami。便停一載。值難避地西南。路純砂磧。水草俱乏。同侶相顧。性命莫投。乃以所齎經論。權置道旁。越山求水。冀以存濟。求既不遂。勞弊轉增。夜雨忽降。身心充悅。尋還本途。四顧茫然。方道迷失。踟躕進退。乃任前行。遂達於瓜州。方知曲取北路之道也。笈多遠慕大國。跋涉積年。初契同徒。或留或歿。猶顧單行。屆斯勝地。靜言思之。悲喜交集。尋蒙帝旨。延入京城。處之名寺。供給豐渥。卽五九〇年冬十月也。至止未淹。華言略悉。又奉別勅。令就翻經。移住興善。執本對譯。煬帝定鼎東都。敬重隆厚。乃下勅於洛水南濱上林園內。置翻經館。

笈多幷諸學士並預集焉。笈多翻經。始於五九〇年。終於六一七年。二十八載。所翻經論七部。合三十二卷。至六一九年。終於洛汭。沙門彥琮內外通照。華梵並聞。預參傳譯。偏承提誘。以笈多遊履具歷名邦。見聞陳述。事逾前傳。因著大隋西國傳一部。凡十篇。盛列山河國邑人物。今亦不傳。（續傳卷二）

九 唐錄六一八——九〇七

唐代二百八十九年。外國譯師可考者二十九人。內印度二十八人。于闐四人。康居一人。吐火羅一人。龜茲一人。西域一人。爪哇一人。爪哇之智賢〔一一二〕。于闐之戒法〔一四〇〕皆未至中國。又康居之法藏。于闐之智嚴。印度之慧智。皆生長中國者也。別有疎勒國人慧琳。〔卽撰大藏音義百卷者〕因非譯師不錄。西行求法者五十餘人。其間佚名者十餘人。無成績可述者居多數。但有奘淨二師。亦足以煥曜千古矣。

東來譯經諸師

一一七　波羅頗伽羅密多羅　Prabhakaramitra　此云明知識。或一云波頗 Prabhamitra。此云光智。中印度人也。以五六五年生。十歲出家。隨師習學。受具以後。便學律藏。博通戒綱。心樂禪思。又隨勝德修習定業。因修不捨。經十二年。末復南遊摩伽陀國。那爛陀　Nalanda　寺。值戒賢

Silabhadra 論師盛弘十七地論。因復聽採。以出家釋子 Sakyaputra 不滯一地。突厥貪勇未識義方。法藉人弘。敢欲傳化。乃與道俗十人展轉北行。達西面可汗統葉護 Jabgu 衙所。〔昔素葉城今 Tokmak〕以法訓勗。曾未浹旬。特爲戎主深所信伏。旦夕祇奉。六二六年唐使入蕃。因與相見。承此風化。將事東歸。而葉護君臣留戀不許。使即奏聞。下勅徵入。將五僧與使同來。以其年十二月達京。勅住興善。創開傳譯。翻寶星經。般若燈。大莊嚴論。合三部三十五卷。頗誓傳法。化不憚艱危。躬齋梵本。望並翻盡。而當世盛德。自私諸己。本志頹然。雅懷莫訴。因而遘疾。以六三三年卒於勝光寺。春秋六十有九。〔續傳卷三〕

一一八　伽梵達磨 Bhagavaddharma。此云尊法。西印度人也。遠踰沙磧。來抵中華。永徽之歲〔六五〇至六五五年〕譯經一卷。後不知所終。〔宋高僧傳（後省稱宋傳）卷二〕

一一九　阿地瞿多 Atigupta。此云無極高。中印度人也。精練五明。妙通三藏。六五二年正月。自西印度齋梵夾來屆長安。沙門玄楷等固請翻其法本。以六五三至六五四年間。於慧日寺從金剛大道場經中撮要而譯。集成一部。名陀羅尼 Dharani 集經一十二卷。〔宋傳卷二〕

一二〇 布如烏伐邪 Punyopaya。此云福生。訛略而云那提。中印度人。少出家。名師開悟。志氣雄遠。弘道爲懷。歷遊諸國。曾往執師子 Simhala〔錫蘭〕國。又東南上楞伽 Lanka 山。南海諸國。隨緣達化。善解書語。至卽敷演。度人立寺。所在揚扇。承支那東國盛轉大乘。佛法崇盛。瞻洲 Jambudvipa 稱最。乃搜集大小乘經律論五百餘夾。合一千五百餘部。以六五五年創達京師。勅令於慈恩安置。所司供給。時玄奘法師當途翻譯。聲華騰蔚。無有克彰。掩抑蕭條。般若是難。既不蒙引。返充給使。六五六年勅往崑崙諸國〔猶言南海諸國〕採取異藥。既至南海。諸王歸敬。爲別立寺。度人授法。弘化之廣。又倍於前。以昔被勅往。理須返命。慈恩梵本。擬重尋研。六六三年。還返舊寺。所齎諸經。並爲奘將北出。〔時奘已於六五九年徙居玉華宮。翻譯般若。六六四年卒于玉華。迄未還至慈恩〕意欲翻度。莫有依憑。唯譯八曼荼羅 Mandra 等三經。其年南海眞臘 Cambodge 國爲那提素所化者。奉敬無已。思見其人。合國宗師。假途遠請。乃云國有好藥。唯提識之。請自採取。下勅聽往。返迹未由。印度行人云。那提三藏乃龍樹 Nagarjuna 之門人也。所解無相。與奘頗返。〔奘宗法相 Dharmalaksana〕西梵僧云。大師隱後。斯人第一。深解實相。善達方便。小乘五部毘尼 Vinaya。外道四韋陀 Veda 論。莫不洞達源底。通明言義。所著大乘集義論可有四十餘卷。將事譯之。被遣逐闕。〔續傳卷五〕

一二一　若那跋陀羅 Jnanabhadra 此云智賢。南海訶陵國（爪哇中部）人也。善三藏學。六六四至六六五年間。成都沙門會寧〔一六六錄〕欲往天竺。觀禮聖跡。泛舶至訶陵停住三載。遂共若那跋陀羅於阿笈摩 Agama 經內譯出涅槃後分二卷。譯畢寄達交州。〔宋傳卷二義淨大唐西域求法高僧傳（後省稱求法傳）卷上會寧傳〕

一二二　地婆訶羅 Divakara 此云日照。中印度人也。洞明八藏。博曉五明。而呪術尤工。以六七四至六七八年間來遊此國。六七九年五月表請翻度所齎經夾。仍準玄奘例。於一大寺別院安置。幷大德三五人同譯。至六八八年。翻譯經論凡一十八部。沙門戰陀般若提婆 Candraprajna, Deva 二人譯語。照嘗與覺護同翻佛項深體。唐言善傳佛意。後終於翻經小房。享年七十五。〔宋傳卷二〕

一二三　佛陀多羅 Buddhatrata 此云覺救。北印度罽賓人也。齎多羅夾。誓化支那。止洛陽白

馬寺。譯出大方廣圓覺了義經。〔宋傳卷三〕

一二四　佛陀波利　Buddhapali　此云覺護。北印度罽賓人也。忘身徇道。遍觀靈跡。聞文殊師利Manjusri　在清涼山。遠涉流沙。躬來禮謁。以六七六年杖錫五臺。虔誠禮拜。若有所覩。遂返本國。取得佛頂經。回與杜行顗日照共譯。訖。復訪得善梵語僧順貞。重翻一本。名曰佛頂尊勝陀羅尼經。與前所譯。呪韻經文。少有同異。後持梵本入於五臺。不知所之。〔宋傳卷二〕

一二五　提雲般若　Devaprajna　此云天智。于闐國人也。學通大小。解兼眞俗。呪術禪門。無不曉。六八九年至於洛陽。卽以其年至六九一年。出華嚴經法界無差別論等六部七卷。後不知所終。〔宋傳卷二〕

一二六　慧智。其父印度人。婆羅門種。因使遊此方。爾生智。六七四至六八三年間。從長安婆羅門僧度爲弟子。本旣梵人。善閑天竺書語。生于唐國。復練此土言音。三藏地婆訶羅提雲般若寶思惟等所有翻譯。皆召智爲證。兼令度語。後至六九三年。智於東都佛授記寺自譯觀世音頌一卷。不知所終。〔宋傳卷二〕

二二七 實義難陀 Siksananda。此云學喜。于闐人也。以六五二年生。善大小乘。旁通異學。天后以華嚴舊經處會未備。遠聞于闐有斯梵本。發使求訪。并請譯人。義與經夾同至洛陽。以六九五年於東都大內大遍空寺翻譯。天后首題名品。南印度沙門菩提流志 Bodhiruci。沙門義淨同宣梵本。後付沙門復禮法藏等於佛授記寺譯成八十卷。六九九年功畢。七〇〇年又於潁川共法藏譯大乘入楞伽—— Mahayana Lankavatara 經。前後總出一十九部。七〇四年。義以母老遂歸于闐。七〇八年又徵至京師。未遑翻譯。以七一〇年十月十二日卒。春秋五十九。〔宋傳卷二〕

二二八 法藏梵言達摩多羅 Dharmatrata〔應云法救〕。字賢首。梵言跋陀羅室利 Bhadrasri。〔應云賢吉〕。本康居國人。以六四三年生於中國。初應名僧義學之選。屬奘師譯經。始預其間。後因筆受證義潤文見識不同而出譯場。〔按此事崔傳不載〕。至天后朝傳譯。首登其數。實義難陀齎華嚴梵夾至。同義淨復禮譯出新經。又於義淨譯場與勝莊大儀證義。七一二年卒於西京大薦福寺。享年七十。〔宋傳卷五。又新羅崔致遠撰唐大薦福寺故寺主翻經大德法藏和尚傳〕

二二九 彌陀山 Mitrasanta。此云寂友。覩貨邏 Tukhara 國人也。自幼出家。遊諸印度。遍學經論。楞伽 Lanka 俱舍 Kosa。最爲窮覈。來居東夏。與實叉難陀共譯大乘入楞伽經。又天授中(六九〇至六九一)與法藏等譯無垢淨光陀羅尼經一卷。尋辭歸鄉。(宋傳卷二)

一三〇 般刺蜜帝 Pramiti。此云極量。中印度人也。懷道觀方。隨緣濟物。展轉遊化。漸達支那。乃於廣州制止道場駐錫。七〇五年五月。於灌頂部中誦出一品。名大佛頂如來密因修證了義諸菩薩萬行首楞嚴經。譯成一部十卷。烏萇國沙門彌伽釋迦(原註云釋迦稍訛。正云鑠佉。此曰雲峯。則可還元爲 Meghasikha 矣)譯語。房融筆受。翻傳事畢。會本國王怒其擅出經本。遣人追攝。泛舶西歸。(宋傳卷二)

一三一 阿儞眞那 Ratnacinta。此云寶思惟。北印度迦濕蜜羅 Kasmira 國人也。刹帝利 Ksatriya 種。幼年出家。專精律品。乾文咒術。尤攻其妙。加以化導爲心。無戀鄉國。以六九三年。屆於洛陽。即以其年創譯。至七〇六年。出不空羂索陀羅尼經等七部。自此以後。不務翻譯。惟精勤禮誦。修諸福業。以七二一年。終於龍門山天竺寺。壽百有餘歲。(宋傳卷三)

一三二 菩提流支 Bodhiruci。此云覺愛。南印度人也。淨行婆羅門種。姓迦葉 Kasyapa 氏。

年十二就外道出家學聲明僧佉 Samkhya 等論。歷數呪術。陰陽讖緯。靡不該通。年逾六十。方入釋門。初依耶舍瞿舍 Yasoghosa 三藏學諸經論。其後遊歷五天。遍親講肆。唐高宗聞其遠譽。六八三年遣使迎接。（是年高宗殂。）天后令居東洛福先寺譯佛境界寶雨華嚴等經。凡十一部。七〇六年。又住京兆崇福寺譯大寶積 Ratnakuta 經。其經舊新凡四十九會。總一百二十卷。七一三年譯畢進內。此譯場中沙門思忠。天竺大首領伊舍羅 Isvara 等譯梵文。天竺沙門波若屈多 Prajnagupta 沙門達摩 Dharma 等證梵義。志以七二七年十一月四日卒於洛京長壽寺。春秋一百五十六。（宋傳卷三。）據宋傳所誌。其人嘗生於五七二年。留住中國已有四十五年。其壽過百歲。容或有之。壽至一百五十六。必無其事。蓋外國僧人至中國者。無年籍可考。或據其自稱爲若干歲。或由其弟子增添其年。亦意中必有之事也。

一三三　智嚴。姓尉遲氏。名樂。本于闐質子也。封金滿郡公。七〇六年。捨宅爲寺。次年捨官入道。尋奉勅於此寺翻譯。多證梵文。諸經成部。嚴有力焉。嚴重譯出生無邊法門陀羅尼經。不知其終。（宋傳卷三。）

一三四　跋日羅菩提 Vajrabodhi。此云金剛智。南印度摩賴耶（應即西域記卷十一秣剌耶 Malaya 山）國人也。華言光明。父婆羅門。善五明論。爲建支 Kancipura 王師。六六一年生智。智年十六。開悟佛理。不樂習尼揵子 Nirgranthaputra 諸論。乃削染出家。後隨師往中印度那爛陀寺。學修多 sutra 阿毘達磨 abhidharma 等。洎登戒法。遍聽十八部律。又詣西印度。學小乘諸論。及瑜伽三密陀羅尼門。十餘年。全通三藏。次復遊師子國。登楞伽山。泛海東行。歷佛誓 Palemban 裸人 Nicobar Is. 等二十餘國。聞支那佛法崇盛。泛舶而來。以多難故。累歲方至。七一九年。達於廣州。勅迎就慈恩寺。尋徙薦福寺。所住之剎。必建大曼拏羅灌頂 abhiseka 道場。度於四衆。大智大慧二禪師。不空 Amoghavajra 三藏。皆行弟子禮焉。七二三年。翻出瑜伽念誦法二卷。七俱胝 Koti 陀羅尼二卷。曼殊室利 Manjusri 五字心陀羅尼。觀自在瑜伽法要各一卷。七三二年八月卒於洛陽廣福寺。壽七十一。（宋傳卷一）

一三五　戍婆揭羅僧訶 Subhakarasimha。華言淨師子。義翻爲善無畏。一云輸波迦羅 Subhakara。此名無畏。本中印度人也。以六三七年生。釋迦如來季父甘露飯 Amrtodana 王之後。其先自中天竺因國難分王烏茶。Uda 父曰佛手 Buddhapani 王十三嗣位。後讓位於兄。南至海濱。寄身商船。往遊諸國。後至中天竺境。詣那爛陀寺奉達摩掬多 Dharmagupta 爲師。使周行大荒。遍禮聖迹。不憚艱險。凡所履處。皆三返焉。復歷迦濕彌羅烏萇。而至突厥之廷。又經吐蕃。於七一六年。齎梵夾屆於長安。七一七年。於菩提院翻譯。先譯虛空藏求持法一卷。沙門悉達譯語。昔有沙門無行。泛舶西遊天竺。學畢言歸。方及北印。不幸而卒。其所護夾葉。悉在京都華嚴寺中。畏與一行。於彼選得數本。並總持 Dharani 妙門。先所未譯。七二四年入洛。譯大毘盧遮那 Vairocana 經七卷。又出蘇婆呼童子經三卷。蘇悉地揭羅 Susiddhikara 經三卷。七三二年求還西域。復詔不許。以七三五年十月七日卒。春秋九十九。〔宋傳卷二求法傳卷下無行傳李華撰翻經三藏善無畏行狀〕

一三六　阿目佉跋折羅 Amoghavajra。此云不空金剛。止行二字。略也。本北印度婆羅門族。以七〇五年生。幼失所天。隨叔父觀光東國。年十五師事金剛智三藏。洎登具戒。善解一切有部。諳異國書語。師之翻經。常令共譯。七三二年。智歿於洛陽。空嘗奉遺旨。令往五天幷師子國。遂議遐征。七四二年冬至南海郡。及將登舟。採訪使召誡番禺界蕃客大首領伊習賓〔疑為阿剌伯人〕等曰。今三藏往南天竺師子國。宜約束船主。好將三藏幷弟子含光慧𧇊等二十七人國信等達彼。無令疏失。乃附崐崙舶離南海。經訶陵而達師子國。國王尸羅迷伽 Silamegha〔此云戒雲〕禮之甚厚。空於普賢 Samantabhadra 阿闍梨 Acarya 前受五部灌頂。自爾學無常師。廣求密 Tantra 藏。及諸經論五百餘部。次遊五印度境。七四六年還京。進師子國王尸羅迷伽表。及金寶瓔珞般若梵夾雜珠白氎等。玄宗詔入內。立灌頂道場。所齎梵經。盡許翻度。肅宗時〔七五六至七六二年〕令鳩聚先代外國梵文。或條索脫落者修。未譯者譯。代宗時繼續翻傳。起七四六年。訖七七四年。都翻出七十七部。凡一百二十餘卷。以七七四年六月十五日卒。享年七十。〔宋傳卷一。又趙遷撰廣智不空三藏行狀〕

一三七　般刺若 Prajna。此云智慧。姓憍答摩 Gautama 氏。北印度迦畢試國人。七歲出家。專習小乘。後詣中印度那爛陀寺。稟學大乘。復遊雙林。經八塔。往來瞻禮。十有八年。常聞東方大國。文殊在中。錫指東方。誓傳佛教。乃泛海東邁。垂至廣州。風飄却返。抵執師子國之東。又集資糧。重修巨舶。遍歷南海諸國。七八〇年載所齎經論。至於廣州。七八六年。始屆京師。見鄉親神策軍正將羅好心。卽慧舅氏之子也。將至家中。延留供養。七九二年。上表舉慧翻傳。有勅令京城諸大德名業殊衆者同譯。得罽賓三藏般若。〔時大秦寺景教景淨亦應其選。〕開釋梵本。譯大乘理趣六波羅密多 Paramita 經十卷。華嚴長者問佛那羅延 Narayana 經。般若心經各一卷。慧後終於洛陽。〔宋傳卷三〕

一三八　般若 Prajna。罽賓國人也。七九五年譯烏茶 Uda 國王所進華嚴經。後分四十卷。又於八一〇年譯師子國所進經八卷。〔宋傳卷三又同卷蓮華卷〕按宋傳〔卷十五〕圓照傳。照撰有般若三藏續古今翻譯圖記三卷。則其人必爲當時華梵兼通之譯師也。〔此人與般剌若疑爲一人。〕

一三九　勿提提羼魚。〔原名未詳〕華言蓮花精進。屈文〔卽龜茲〕國三藏苾芻 bhiksu 也。悟空自印度還抵屈支。〔應在七八七年前後。〕於蓮華寺請進譯出十力 Dasabala 經。〔宋傳卷三。〕

一四〇 尸羅達摩 Siladharma。華言戒法。于闐國人。學業該通。善知華梵。居於北庭 Dsimsa。爲大法師。悟空迴至北庭。於龍興寺請法爲譯主。翻十地 Dasabhumi 經。及迴向輪 Bhavasamkranti 經。法界讀梵文。并譯語。悟空證梵文。〔宋傳卷三〕

一四一 蓮華。中印度人也。以七八四年杖錫謁德宗。乞鐘一口。歸天竺聲擊。勅廣州鼓鑄畢。令送於南天竺金堆寺。華乃將此鐘於寶軍國〔按梵文寶軍還元應作 Ratnasena。但印度無此國名。待考〕毘盧遮那 Vairocana 塔所安置。後以烏荼國王書獻支那天子。華嚴後分梵夾。附舶來獻。般若三藏於崇福寺翻成四十卷焉。〔宋傳卷三〕

一四二 牟尼室利 Munisri。此云寂默。北印度人也。在那爛陀寺出家受戒。七九三年發那爛陀寺。八〇〇年至於長安。後於慈恩寺請行翻譯事。乃將玄奘梵本與般若共出守護國界主陀羅尼經十卷。以八〇六年卒於慈恩。〔宋傳卷三〕

一四三 滿月 Purnasoma。西域人也。爰來震旦。務在翻傳。瑜伽 Yoga 法門。一皆貫練。開成中〔八三六至八四〇年〕進梵夾未暇翻譯。後與菩薩嚩日羅 Bodhisattvavajra 金剛悉地

Vajrasthira？等。重譯出陀羅尼集四卷。又譯佛爲毘沙門天子說尊勝經一卷。此土先已有陀羅尼集十二卷。新翻四卷未入藏。月等俱不測其終。（宋傳卷三）

一四四　無能勝。印度人也。唐末譯經。

一四五　阿質達霰。印度人也。唐末譯經。

西行求法諸師

一四六　玄奘俗姓陳。諱褘。本居潁川。後徙河南。因之爲緱氏人焉。以六〇二年生。十三歲隨兄出家。六二二年於成都受具。益部經論。研綜既窮。更入長安。訊問殊旨。嘗言昔法顯智嚴亦一時之士。豈能求法。導利羣生。吾當繼之。乃結侶陳表。有勅不許。諸人咸退。唯奘不屈。於六二七年八月。潛行赴瓜州。展轉因循達高昌境。高昌王麴文泰欲留供養。奘拒不許。麴乃厚齎書幣。并給從騎。送至西突厥統葉護可汗牙所。可汗甚喜。復作書遣騎前告所部諸國。傳送資供。由是踰鐵門歷覩貨羅 Tukhara 境十三國。而至北印度。復歷梵衍那 Bamiyan 迦畢試 Kapisa 濫波 Lampaka 那揭羅喝 Nagarahara 健陀羅 Gandhara 烏仗那 Uddiyana 呾叉始羅 Taksasila

迦溼彌羅 Kasmira 秣菟羅 Mathura 至中印度。又歷窣祿勤 Srughna 羯若鞠闍
Kanyakubja 阿踰陀 Ayodhya 鉢羅耶伽 Prayaga 憍賞彌 Kausambi 室羅伐悉底
Sravasti 劫比羅伐窣堵 Kapilavastu 拘尸那揭羅 Kusinagara 婆羅痆斯 Varanisi 吠
舍釐 Vaisali 等國。而至摩揭陀 Magakha 國。於此國中。巡禮聖跡。歷波吒釐子國 Pataliputra
菩提 Bodhi 樹至那爛陀 Nalanda 寺參戒賢 Silabhakra 法師。頃之往王舍 Rajagrha
城觀禮聖跡。六三二年。復還那爛陀寺。六三七年。又東行歷瞻波 Campa 奔那伐彈那 Pundra-
vardhana 等國。復南行歷三摩怛吒 Samatata 耽摩栗底 Tamralipti 烏荼 Uda 羯餧伽
Kalinga 南憍薩羅 Kosala 案達羅 Andhra 等國。至達羅毘荼 Dravida 國。訪問僧伽羅
Simhala 國事。復向西北行。歷健那補羅 Kanapura 跋祿羯呫婆 Bharukaccha 摩臘婆
Malava 阿難陀補羅 Anandapura 等國。又東北行歷數國。至六四〇及六四一年間返那爛
陀寺。六四二年。應迦摩縷波 Kamarupa 國童子 Kumara 王請。而赴東印度。時摩揭陀國戒
日 Harsa Siladitya 王亦欲見奘。發使詔童子王。命送支那僧至。奘至曲女 Kanyakubja 城。

戒日王為之開大會。集五印度沙門婆羅門外道等。請奘發顯大乘。會訖欲還。王又留觀鉢羅耶伽國無遮大會。六四三年。奘辭戒日王童子王等十八大國王。取北道而歸。備經艱險。度雪山葱嶺。歷朅盤陀 Tash-Kurghan 佉沙 Kashgar 斫句迦 Karghalik 等三十餘國。還到于闐 Khotan。附表陳情。太宗遣使迎勞。以六四五年正月二十四日入長安。奘在外十七年。週歷一百三十餘國。所得大乘經二百二十四部。大乘論一百九十二部。上座 Sthavira 部經律論一十五部。三彌底 Sammitya 部經律論一十五部。彌沙塞 Mahisasaka 部經律論二十二部。迦葉臂耶 Kasyapiya 部經律論一十七部。法密 Dharmagupta 部經律論四十二部。說一切有 Sarvastivada 部經律論六十七部。因明論三十六部。聲論一十三部。凡五百二十夾。六百二十七部。後經奘翻譯者。總有七十五部。一千三百三十五卷。自前代以來。所譯經教。初從梵語。倒寫本文。次乃迴之。順同此俗。然後筆人亂理文句。中間增損。多墮全言。茲所翻傳。都由奘旨。意思獨斷。出語成章。詞人隨寫。即可披翫。初戒日王并菩提寺僧思聞震旦。為日久矣。奘在印度。聲暢五天。稱述支那。人物為盛。戒日及僧。乃各遣使齎諸經寶。遠獻東夏。是則天竺信命自奘而通也。使既西返。又勅王玄策等二十餘人隨往報之。贈王及僧綾帛各有差。幷就菩提寺僧召石蜜匠。乃遣匠二人僧八人。俱到東夏。尋勅往越州。就甘蔗造之。皆得成就。奘以六六四年二月五日卒於玉華寺。春秋六十有三。〔續傳卷四。又冥詳撰玄奘法師行狀。慧立等撰大慈恩寺三藏法師傳。辯機撰大唐西域記。道宣撰釋伽方志。道世撰法苑珠林。智昇撰開元釋教錄〕

一四七　玄照。太州仙掌人也。幼出家。成人之歲。思禮聖蹤。遂適京師。尋聽經論。以貞觀年中。〔六二七至六四九〕於大興善寺玄證師處初學梵語。於是杖錫西邁。出流沙。踐鐵門。途經速利 Surika。〔在熱海及撒馬爾罕 Samarkand 間〕。過覩貨羅。遠跨胡疆。到吐蕃國。〔其行程頗不可解。既已至吐火羅。或遵法顯智猛等。勃律一道入迦濕彌羅。或遵宋雲惠生等。賒彌一道入烏萇。再不然亦可循玄奘活國一道至迦畢試。何至又迴到吐蕃〕蒙文成公主送往北天。〔則其發足時在六四一年後矣〕漸向闍闌陀 Jalandhara 國。住此國四載。蒙國王欽重。留之供養。學經律。習梵文。既得其通。漸次南上。到莫訶菩提 Mahabodhi〔此云大覺〕。復經四夏。後之那爛陀寺。留住三年。就勝光 Jayaprabhasa 法師學中 madhyamik 百 sata 等論。復就寶師子

Ratnasimha 大德 bhadadanta 受瑜伽十七地。既盡玄綱。遂往殑伽 Ganga〔恆河〕河北。受國王苫部供養。住信者等寺。復歷三年。後因唐使王玄策歸鄉。〔按王玄策第一次奉使歸國在六四八年。第三次奉使在六五七年。歸國應在六六一年後〕表奏言其實德。遂蒙降勅。重詣西天。追玄照入京。路次泥波羅 Nepala 國。蒙王發遣。送至吐蕃。重見文成公主。深致禮遇。資給歸唐。於是巡涉西蕃。而至東夏。以九月而辭苫部。正月便到洛陽。五月之閒。途經萬里。時在六六五年也。〔按求法傳作麟德年中。駕幸東洛。考舊唐書本紀卷四云。二年春正月幸東都。則玄照至洛陽在六六五年也〕遂蒙敕旨。令往羯濕彌囉 Kasmira 國取長年婆羅門盧迦溢多 Lokahita。洛陽諸德。請譯薩婆多 Sarvastivada 部律攝。敕令促去。不遂本懷。所將梵本。悉留京下。於是重涉流沙。還經磧石。崎嶇棧道之側。搖泊繩橋之下。遭吐蕃賊。脫首得全。遇凶奴寇。僅存餘命。行至北印度界。見唐使人引盧迦溢多於路相遇。盧迦溢多復令玄照及使傔數人向西印度羅荼國取長年藥。路過迦畢試信度等國。方達羅荼。蒙王禮敬。安居四載。轉歷南天。將諸雜藥。望歸東夏。但以泥波羅道吐蕃擁塞不通。迦畢試途多氏 Tazi〔大食〕捉而難度。遂止那爛陀寺。與義淨相見。後在中印度菴摩羅跋國遘疾而卒。〔應在六九五年義淨歸國之前〕春秋六十餘矣。〔求法傳卷上。法苑珠林引王玄策中天竺行記及西域志（一名西國志）〕

一四八　道希齊州歷城人也。幼漸玄門。少歸貞操。西涉流沙。輕生殉法。行至吐蕃。〔按西域四鎮於六七〇年四月沒於吐蕃。六九三年復其地。置安西都護府於龜茲。七六〇年河西軍鎮多陷吐蕃。安西不通。至七八七年。安西亦陷吐蕃。則當時百年間去西域者必經吐蕃。非皆經行西藏也。〕中途危厄。恐戒檢難護。遂便暫捨。行至西方。更復重受。周遊諸國。遂達莫訶菩提。翹仰聖蹤。經於數載。既往那爛陀。亦在俱尸國 Kusinagara。蒙菴摩羅跋國王甚相敬待。在大覺寺造唐碑一首。所將唐國新舊經論四百餘卷。並在那爛陀寺。義淨在印度〔六七一年後〕未及相見。住菴摩羅跋國遭疾而終。春秋五十餘矣。〔求法傳卷上。又新舊唐書本紀及西域列傳〕

一四九　師鞭齊州人也。善禁呪。與玄照從北天向西印度。到菴摩羅跋〔一作波〕城。為國王所敬。居王寺。與道希相見。同居一夏。遇疾而終。年三十五矣。〔求法傳卷上〕

一五〇　阿離耶跋摩 Aryavarman。〔此云聖鎧〕新羅人也。未詳漢名。以貞觀中〔六二七至六四九〕出長安之廣脅 Vipulaparsva。〔王舍城西北山名〕追求正教。親禮聖蹤。住那爛陀寺。多閑律論。抄寫衆經。卽歿於此寺。年七十餘矣。〔求法傳卷上〕

一五一　慧業。新羅人也。在貞觀中往遊西域。住菩提寺。觀禮聖蹤。於那爛陀久而聽讀。義淨在寺。因檢唐本。忽見業記。訪問寺僧。云終於此。年將六十餘矣。所寫梵本並在那爛陀寺。〔求法傳卷上〕

一五二　玄太。新羅人也。永徽年內。〔六五〇至六五五〕取吐蕃道。經泥波羅。到中印度。禮菩提樹。詳檢經論。旋踵東土。行至土谷渾。路逢道希。覆相引致。還向大覺寺。後歸唐國。莫知所終。〔求法傳卷上〕

一五三　玄恪。新羅人也。與玄照法師貞觀年中〔參照一四七錄註〕相隨而至大覺寺。既伸禮敬。遇疾而亡。年過四十矣。〔求法傳卷上〕

復有新羅僧二人。莫知其諱。發自長安。遠之南海。汎舶至室利佛逝 Palemban 國西婆魯師〔按卽蘇門答臘西岸之婆魯師 Baros〕國。遇疾而亡。〔求法傳卷上〕

一五四　佛陀達摩 Buddhadharma。覩貨 Tukhara 速利 Surika 國人也。大形模。足氣力。

習小教。常乞食。少因與易。遂届神州。云於益府出家。性好遊涉。九州之地。無不履焉。後遂西遄周觀聖跡。義淨於那爛陀見之後。乃轉向北天。年五十許。〔求法傳卷上〕

一五五　道方。幷州人也。出沙磧到泥波羅。至大覺寺住。得爲主人。經數年後。還向泥波羅。六九一年。其人尙在。〔求法傳卷上〕

一五六　道生。幷州人也。以貞觀末年〔六四九〕年從吐蕃路。往遊中天。到菩提寺。禮制底 caitya 訖。在那爛陀學。爲童子王深所禮遇。復向此寺東行十二驛。有王寺。全是小乘。於其寺內停住多載。學小乘三藏。精順正理。多齎經像。言歸本國。行至泥波羅。遘疾而卒。年可五十矣。〔求法傳卷上〕

一五七　常愍（一作慜）幷州人也。出家以後。願寫般若萬卷。冀得遠詣西方。禮如來所行聖迹。南遊江表。寫經既畢。遂至海濱。附舶南征。往訶陵國。從此附舶。往末羅瑜 Malayu〔此國後爲室利佛逝所倂。應在其國之西〕國。復從此國欲詣中天。然所附商舶。載物既重。解纜未遠。忽起滄波。不經半日。遂便沈沒。當沒之時。商人爭上小舶。互相戰鬪。其舶主既有信心。高聲唱言。師來上船。常愍曰。可載餘人。我不去也。所以然者。若輕生爲物。順菩提心。亡己濟人。斯大士行。於是合掌西方。

稱彌陀佛。念念之頃。船沈身沒。聲盡而終。春秋五十餘矣。有弟子一人。不知何許人也。號咷悲泣。亦念西方。與之俱沒。〔求法傳卷上。〕

一五八　又有一常慜。〔一作慜。〕不知何許人也。發願尋聖迹。遊天竺。曾至北印度僧伽補羅 Samghapura 國。中印度鞞索迦國。撰有遊歷記。〔一作遊天竺記〕非濁集三寶感應要略錄引之。〔三寶感應要略錄卷上。〕

一五九　末底僧訶 Matisimha。〔唐云師子慧。〕京兆人也。俗姓皇甫。莫知本諱。與師鞭同遊。俱到中土。住信者寺。少閑梵語。未詳經論。思還故里。路過泥波羅國。遇患身死。年四十餘。〔求法傳卷上。〕

一六〇　玄會。京師人。云是安將軍之息也。從北印度入羯濕彌羅國。爲國王賞識。日受供養。出入王宅。旣漸年歲。後因失意。遂乃南遊。至大覺寺。禮菩提樹。覩木眞。地登鷲峯山 Grdhrakuta。陟尊足嶺 Kukutapada。少擕經教。思返故居。到泥波羅國。不幸而卒。〔原註云。泥波羅旣有毒藥。所以到彼多亡。〕春秋僅過三十矣。〔求法傳卷上。〕

一六一　復有一人。與北道使人相逐至縛渴羅國 Balkh。〔大夏〕。於新寺小乘師處出家。少閑梵語。覆取北路而歸。莫知所至。〔求法傳卷上〕

一六二　復有二人在泥波羅國。是吐蕃公主嬭母之息也。初並出家。後一歸俗。住天王寺。善梵語幷梵書。年三十五矣。〔求法傳卷二〕

一六三　隆法師。不知何所人也。以貞觀年內從北道而出。取北印度。欲觀化中天。誦得梵本法華經。到健陀羅國遇疾而亡。〔求法傳卷上〕

一六四　明遠。益州清城人也。慨聖教陵遲。遂乃振錫南遊。屆於交阯。鼓舶鯨波。到訶陵國。次至師子洲。君王禮敬。乃潛形閣內。密取佛牙。望歸本國。以興供養。既得入手。翻被奪將。不遂所懷。頗見陵辱。向南印度。不知所終。〔求法傳卷上〕

一六五　義朗。益州成都人也。與同州僧智岸。幷弟一人名義玄。共至烏雷。〔交廣間地〕。同附商舶。越舸扶南。綴纜郎迦戍 Lankasuka。〔馬來半島北部東岸南緯七度四十三分〕。蒙郎迦戍王待以上賓之禮。智岸遇疾。於此而亡。義朗與弟。附舶向師子洲。披求異典。頂禮佛牙。漸之西國。不

知所終。〔求法傳卷上〕

一六六　會寧。益州成都人也。志存演法。結念四方。以六六四年或六六五年間。杖錫南海。汎船至訶陵洲。停住三載。遂奪訶陵國多聞僧若那跋陀羅〔此云智賢見一二一錄〕於阿笈摩經內譯出如來涅槃焚身之事。斯與大乘涅槃頗不相涉。西國大乘涅槃。大數有二十五千頌。翻譯可成六十餘卷。會寧既譯得阿笈摩本。遂令小僧運期奉表齎經。還至交府。馳驛京兆。奉上闕庭。運期從京還達交阯。告諸道俗。蒙贈小絹數百疋。重詣訶陵。報德智賢。與會寧相見。於是會寧方適西國。後不知所終。〔求法傳卷上宋傳卷三〕

一六七　運期。交州人也。與曇潤同遊。伏智賢受具。旋迴南海。十有餘年。善崑崙音。〔即古爪哇語〕頗知梵語。後便歸俗。住室利佛逝國。義淨經其地時。斯人尙在。年可四十矣。〔求法傳卷上〕

一六八　木叉提婆　Moksadeva　〔唐云解脫天〕。交州人也。不閑本諱。汎泊南溟。經遊諸國。到大覺寺。編禮聖蹤。於此而殞。年可二十四五耳。〔求法傳卷上〕

一六九　窺沖。交州人。明遠弟子也。與明遠同船而汎南海。到師子洲。向西印度。見玄照。〔一四七

錄〕共詣中土。首禮菩提樹。到王舍城。遘疾竹園。淹留而卒。年三十許。〔求法傳卷上〕

一七〇　慧琰。交州人。智行〔一七二錄〕之弟子也。隨師到僧訶羅〔卽師子洲亦今之錫蘭島〕國。遂停彼國。莫知所終。〔求法傳卷上〕

一七一　信胄不知何許人也。取北道而到西國。禮謁旣周。住信者寺。後終此寺。年三十五。〔求法傳卷上〕

一七二　智行愛州人也。汎南海。詣西天。徧禮尊儀。至殑伽河北。居信者寺而卒。年五十餘矣。〔求法傳卷上〕

一七三　大乘燈。愛州人也。幼隨父母汎舶往杜羅鉢底 Dvaravati〔卽暹羅湄南 Menam 河流域〕國。方始出家。後隨唐使郯緒相逐入京。於慈恩寺三藏法師玄奘處。進受具戒。居數載。頗覽經書。而思禮聖蹤。情契西極。乃極南溟。到師子國，觀禮佛牙。過南印度。復屆東天。往耽摩立底 Tamralipti 國。淹停斯國十有二載。頗閑梵語。誦緣 avadana 生 jataka 等經。因商侶與義淨相隨。詣中印度。先到那爛陀。次向金剛座。旋過薛舍離 Vaisali。後到俱尸國。與無行同遊此地。

後沒於俱尸城。般涅槃寺春秋六十餘矣。〔求法傳卷上〕

一七四　僧伽跋摩 Samghavarman 康國人也。少出流沙。遊步京輦。以六五六至六六〇間。奉敕與使人相隨。禮觀西國。〔按此使人應爲六五七年三次奉使之王玄策〕到大覺寺。〔按法苑珠林卷五十二引西域志云顯慶五年菩提寺主戒龍 Silanaga 爲漢使王玄策設大會。則僧伽跋摩至大覺時。應在六六〇年矣。〕後還唐國。〔似與彼岸智岸由海道還〕又奉敕令往交阯採藥。於交阯纔染微疾。奄爾而終。春秋六十餘矣。〔求法傳卷上〕

一七五　彼岸智岸。并是高昌人也。少長京師。傳燈在念。既而歸心勝理。遂乃觀化中天。與使人王玄策。〔按原文作王玄廓。應爲王玄策之訛。可以籍知玄策第三次奉使從海道歸。時吐蕃歲寇邊。故不能重循陸路也。〕相隨汎泊海中。遇疾俱卒。所將漢本瑜伽及餘經論。咸在室利佛逝國矣。〔求法傳卷下〕

一七六　曇潤。洛陽人也。振錫江表。拯物爲懷。漸次南行。達於交阯。住經歲稔。緇素欽風。汎泊南上。期西印度。至訶陵北渤盆〔按即爪哇北之 Madura 島〕國。遇疾而終。年三十矣。〔求法傳卷上〕

一七七　義輝。洛陽人也。欲思觀梵本。遂指掌中天。到郎迦戌國。嬰疾而亡。年三十餘矣。〔求法傳卷上〕

一七八　復有大唐三僧。從北道到烏萇那 Uddiyana 國。傳聞向佛頂骨處 Nagarahara 禮拜。後不知所終。義淨聞烏萇僧傳說如此。〔求法傳卷下〕

一七九　慧輪。新羅人也。自本國出家。翹心聖跡。汎船而陵閩越。涉步而屆長安。奉勅隨玄照西行。以充侍者。旣之西國。徧禮聖蹤。居菴摩羅跛國。在信者寺住經十年。後往次東邊北方覩貨羅僧寺。元是覩貨羅人爲本國僧所造。其寺巨富。北方僧來者。皆住此寺。慧輪住此。旣善梵言薄閑俱舍。後不知所終。〔求法傳卷上〕

一八〇　道琳。荊州江陵人也。慨大教東流。時經多載。定門鮮入。律典頗虧。遂欲尋流討源。遠遊西國。乃杖錫遐逝。鼓舶南溟。越銅柱而屆郎迦。歷訶陵而經裸國。所在國王禮待。極致殷厚。經乎數載。到東印度耽摩立底國。住經三年。學梵語。於是捨戒重受。學習一切有部律。非唯學兼定慧。蓋亦情耽呪藏。後乃觀化中天。頂禮金剛御座。菩提聖儀。復至那爛陀寺。搜覽大乘經論。注情俱舍。經於數年。至於鷲嶺杖林山園鵠樹。備盡翹仰。並展精誠。乃遊南天竺國。搜訪玄譾。向西印度。於羅荼國。住經年稔。更立靈壇。重稟明呪。後遂從西境轉向北天。觀化羯濕彌羅。便入烏長那國。詢訪定門。搜求般次。往迦畢試國。禮佛頂骨。自爾之後。不委何託。義淨迴至南海羯荼國。有北方胡至。云有兩僧胡國逢見。說其狀迹。應是其人。與智弘相隨。擬歸故國。聞爲途賊所擁。還乃覆向北天。年應五十餘矣。〔求法傳卷下〕

一八一　曇光。荊州江陵人也。南遊溟渤。望禮西天。至東印度訶利雞羅 Harikera 國。後不知所終。〔求法傳卷下〕

一八二　義淨又見訶利雞羅國僧。說有一唐僧。年餘五十。得王敬重。秉權一寺。多齎經像。好行楚撻。卽於此國遇疾而終。〔求法傳卷下〕

一八三　慧命。荊州江陵人也。汎舶西遊。行至占波 Campa 遭風而屢遘艱苦。廢然遂返。〔求法傳卷下〕

一八四　善行。晉州人。義淨之弟子也。隨師至室利佛逝。有懷中土。旣染痼疾。返棹而歸。年四十許。

〔求法傳卷下。〕

一八五　靈運。襄陽人也。追尋聖迹。與僧哲同遊西國。極閑梵語。所在至處。君王禮敬。遂於那爛陀畫慈氏 Maitreya 眞容菩提樹像。齎以歸唐。〔求法傳卷下〕

一八六　僧哲。澧州人也。思慕聖蹤。泛舶西域。既至西土。適化隨緣。巡禮略周。歸東印度。得三摩呾吒 Samatata 國。國王名曷羅社跋吒 Rajabhata。其王既深信三寶。爲大鄔波索迦 upasaka。僧哲住此王寺。尤蒙別禮。義淨來時。聞其尚在。年可四十許。僧哲弟子玄遊者。高麗國人也。隨師於師子國出家。因住彼矣。〔求法傳卷下。〕

一八七　智弘。洛陽人。即聘西域大使王玄策之姪也。年纔弱歲。早狎冲虛。後捨素禔。而擐緇服。欲覲禮西天。與無行爲伴。至合浦升舶。長泛滄溟。風便不通。漂居上景。覆向交州。住經一夏。既至冬末。復往海濱神灣。隨舶南遊。到室利佛逝國。自餘經歷。具在無行錄內。〔一八八錄〕到大覺寺。住經二載。閑聲論。能梵書。於那爛陀寺。則披覽大乘。在信者道場。乃專功小教。在中印度。近有八年。後向北天羯濕彌羅。擬之鄉國。與道琳爲伴。不知止於何所。〔求法傳卷下。〕

一八八　無行。荊州江陵人也。與智弘爲伴。東風汎舶。一月到室利佛逝國。國王厚禮。特異常倫。後乘王舶。經十五日達末羅瑜洲。又十五日到羯荼。〔按在馬來半島西岸檳榔嶼之北今之Kedah古城是已〕至冬末轉舶西行。經三十日到那伽鉢亶那　Nagapattana。從此泛海二日到師子洲。觀禮佛牙。從師子洲復東北泛舶一月到訶利雞羅國。此國乃是東天之東界也。停住一年。漸之東印度。恆與智弘相隨。此去那爛陀途有百驛。卽停息已。便之大覺。後住那爛陀。復往羝羅荼寺。曾因閑隙。譯出阿笈摩經。述如來涅槃之事。略爲二卷。已附歸唐。學畢願歸方及北印。不幸而卒。義淨曾從那爛陀相送。〔大約在六七三年前後〕時行春秋五十六歲。〔求法傳卷下。宋傳卷二。善無畏傳〕後新羅僧慧超遊旅北印度時。言北天國有一寺。名多摩三磨娜　Tamasavana。〔按卽西域記卷四至那僕底 Cinabhuti 國之荅秣蘇伐那僧伽藍。唐言闇林者是也〕又云。山中有一寺。〔從是北行十五日至伽彌　Kasmira　國。名那揭羅馱娜　Nagaradhana。〕有一漢僧。於此寺身亡。彼大德說。從中天來。明閑三藏聖教。將欲還鄉。忽然違和。便卽化矣。慧超西行年代未詳。惟知其七二七年歸至安西。則此漢僧似卽無行。〔燉煌遺書第一卷往五天竺國傳。〕

一八九　法振。荆州人也。思禮聖迹。有意西遄。遂共同州僧乘悟。梁州僧乘如。整帆上景之前。鼓浪訶陵之北。巡歷諸島。漸至羯荼。未久之間。法振遇疾而殞。年可三十五六。既而一人斯委。彼二情疑。遂附舶東歸。有望交阯。覆至瞻波 Campa〔卽古之林邑。唐之環王。後之占城。一八二錄之占波。與印度恆河口之瞻波同名異地〕。乘悟又卒。獨有乘如言歸故里。〔求法傳卷下〕

一九〇　大津。澧州人也。幼染法門。希禮聖迹。遂以六八三年振錫南海。爰初結旅。頗有多人。及其角力。唯斯一進。乃齎經像。與唐使相逐。汎泊月餘。達尸利佛逝洲。停斯多載。解崑崙語。頗習梵書。後義淨歸自印度。亦住於此。淨以天竺之中。諸方皆悉有寺。神州獨無。遂遣大津歸唐。請帝於西方造寺。遂以六九一年五月十五日附舶而向長安。並齎歸淨新譯雜經論十卷。南海寄歸內法傳四卷。西域求法高僧傳兩卷。〔求法傳卷下〕

一九一　義淨。字文明。姓張氏。范陽人也。以六三五年生。髫齔之時。辭親落髮。徧詢名匠。廣採羣籍。內外閑習。今古博通。年十有五。便萠其志。欲遊西域。仰法顯之雅操。慕玄奘之高風。弱冠登具。愈堅貞志。六七一年。三十有七。方遂發足。初至番禺。得數十人。及將登舶。餘皆退罷。淨乃於是年十一月。

獨附波斯舶。未隔兩旬。至於佛逝 Palemban。經停六月。漸學聲明。王贈支持。送往末羅瑜。〔原註云。今改爲室利佛逝〕復停兩月。轉向羯茶。至十二月〔應爲六七二年之十二月〕舉帆還歸王舶。漸向東天。從羯茶北行十日餘。至裸人國。從茲更半月餘。望西北行。遂達耽摩立底國〔昔 Tamralipti 今 Tamluk〕即東印度之南界也。去莫訶菩提及那爛陀可六十餘驛。於此初與大乘燈相見。留住一載。學梵語習聲論。〔六七四年〕遂與燈同行。取正西路。商人數百。詣中天矣。去莫訶菩提有十日。淨染時患。留後孤進。山行遇賊。幾辭人世。至夜兩更。方及徒侶。從此北行數日。先到那爛陀。次上耆闍崛 Grdhrakuta〔鷲峯〕。後往大覺寺。次乃徧禮聖迹。住那爛陀寺十載。求經。方始旋踵言歸。還耽摩立底。未至之間。又遇刼賊。於此升舶。過羯茶國。而抵佛逝。淨於佛逝江口。升舶附書。憑信廣州。求墨紙抄寫梵經。並雇手直。於時商人風便。舉帆高張。遂被載來。以六八九年達於廣州。是年十一月。復偕貞固等四人。重至佛逝。取回梵本。淨於六九五年仲夏。還至洛陽。淨經二十五年。歷三十餘國。得梵本經律論近四百部。合五十萬頌。唐譯可成千卷。淨初與于闐三藏實義難陀翻華嚴經。久視之後。乃自專譯。起七〇〇年迄七一一年。都翻出五十六部。二百三十卷。根本說一切有部毘奈耶約居泰半律藏弘備淨之力也。又別撰大唐西域求法高僧傳。南海寄歸傳等五部九卷。又出說一切有部跋窣堵 vastu 即諸律中犍度跋渠之類。得七十八卷。東僧往西學盡梵書。解盡佛意者。玄奘而後厥唯義淨。然其傳度經律。與玄奘抗衡。比其著述。淨多文性。傳密呪最盡其妙。二三合聲爾時方曉矣。七一三年卒。春秋七十九。〔宋傳卷一。求法傳卷下。〕

一九二　貞固。鄭地滎川人也。俗姓孟。十四歲出家。有志向師子洲頂禮佛牙。觀諸聖迹。垂拱年間。〔六八五至六八八〕届於番禺。六八九年七月二十日。義淨因風便還至廣州。所齎梵本並在佛逝。終須覆往。既而年餘五十。〔時年五十五〕重越滄波。朝露溘至。何所囑焉。經典既是要門。誰能共往收取。隨譯隨受。須得其人。衆僉告曰。有僧貞固。久探律教。早蘊精誠。儻得其人。斯爲善伴。淨乃折簡約之。固允同行。即以其年十一月一日。附商舶去番禺而指佛逝。後與淨同還廣府。未終三載。染患身亡。〔求法傳卷下〕

一九三　又貞固弟子一人。俗姓孟。名懷業。祖父本是北人。因官遂居廣府。慕法遺奉師門。隨師共至佛逝。解骨崙語。〔按即前錄之崑崙語。亦即古爪哇語也。〕頗學梵書。以供翻譯。時年十七。及義

淨貞固偕還廣府。懷戀居佛逝。不返番禺。〔求法傳卷下。〕

一九四　道宏。汴州雍丘人也。隨父出家。往來廣府。頗工草隸。復翫莊周。二十二歲隨義淨貞固等共至佛逝。敦心律藏。隨譯隨寫。復隨淨固俱還廣府。〔求法傳卷下。〕

一九五　法朗。襄州襄陽人也。俗姓安。童年出家。遊涉嶺南。淨至番禺。報知行李。竟喜相隨。同越滄海。未經〔未經一作經餘〕一月。屆乎佛逝。時年二十四歲。學經三載。梵漢漸通。抄寫忘疲。乞食自濟。頃往訶陵國。在彼經夏。遇疾而卒。〔求法傳卷下。〕

一九六　慧日。俗姓辛氏。東萊人也。六八四年得度。及登具足。後遇義淨三藏。造一乘之極。躬詣竺乾。心恆羨慕。日遂誓遊西域。始者泛舶渡海。自經三藏。東南海中諸國。崑崙佛誓師子洲等。經過略遍。乃達天竺。禮謁聖迹。尋求梵本。訪善知識。一十三年。咨稟法訓。思欲利人。振錫還鄉。獨影孤征。雪嶺胡鄉。又涉四載。及登嶺東歸。計行七十餘國。總一十八年。方達長安。〔宋傳卷二十九。〕

一九七　慧超。新羅人也。發足不詳何年。西行似取北道。歷拘尸那 Kusinagara 葛那及 Kanyakubja〔曲女城〕舍衛 Sravasti 給孤園 Anathapindika 三道寶階塔 Samkasya

迦毘耶羅 Kapilavastu 毘耶離 Vaisali 波羅痆斯 Varanasi 摩訶菩提寺 Mahabodhi
等地。又從中天竺經南天竺西天竺而還北天竺。又歷闍蘭達羅 Jalandhara 蘇跋那具怛羅·
Suvarnagotra 迦葉彌羅 Kasmira 健馱羅 Gandhara 罽賓 Kapisa 烏長 Uddiyana
謝颶〔社護羅薩他那〕 Jagudavardhana 犯引 Bamiyan 吐火羅 Tukhara 胡密
Wakhan 等國。度葱嶺歷渴飯檀 Tash-Kurghan 疎勒〔伽師祇離〕 Kashgiri 而抵安西。
〔龜茲〕 時在七二九年十一月上旬也。時安西節度大使姓趙〔按舊唐書卷八本紀七二六年
以磧西副大都護杜暹同中書門下平章事。繼暹之後者未言何人。七二八年本紀中有安西副大
都護趙頤貞名。此趙姓應卽其人。新書突厥傳作趙頤貞〕 慧超撰有往五天竺國傳。佚之已久。近
於燉煌石室發現其殘本。所說行程。固極錯亂。但欲考當時突厥在中亞及北印度所建諸國。除悟
空入竺記以外。非此莫屬也。〔燉煌遺書第一卷慧超往五天竺國傳〕

一九八　含光。不知何許人也。七四二年隨不空往五天竺幷師子國。七四七年還京。〔按不空七
四六年還京。光如偕行應作七四六年也。〕 不空譯經。常參議華梵。後不知所終。〔宋傳卷二十

七。）

一九九　悟空。俗姓車氏。名奉朝。京兆雲陽人也。罽賓 Kapisa 國願附大唐。七五〇年大首領薩婆達幹。與三藏舍利越摩 Srivarman 來朝。請使巡按。明年玄宗勅中使張韜光將國信行。官兼吏四十餘人西邁。時空未出俗。授左衛涇州四門府別將。令隨使臣自安西路去。歷疎勒葱嶺 Belur tagh 五赤匿 Chighnan 護密 Wakhan 藍婆 Lampaka 烏仗那 Uddiyana 信度 Sindhu。至七五三年二月二十一日至犍馱羅國。此即罽賓之東都城也。（則爲迦畢試無疑。）王者冬居此地。夏處罽賓。唐使至。王極垂禮結。使迴。空篤疾留犍馱羅。病中發願出家。後漸痊平。遂投舍利越摩落髮披緇。時年二十有七。當七五七年也。洎二十九歲。於迦濕彌羅（此地即古之罽賓）進受近圓。巡禮此國。兼習梵語。四年之後。返犍馱羅。如是巡禮。又經二年。即七六四年也。從此南遊中天竺國。觀禮八塔。往迦毘羅伐窣覩 Kapilavastu 城。佛降生塔。次摩揭提 Magadha 國。菩提道場成佛處塔。於菩提寺夏坐安居。次波羅痆斯 Varanasi 城。仙人鹿野苑 Mrgavana 中轉法輪處塔。次鷲峯 Grdhrakuta 山說法華等經處塔。次廣嚴 Vaisali 城。現不思議處塔。

次泥嚩韈多 Devavatara 城。從天降下三道寶階塔。次室羅伐 Sravasti 城。逝多林 Jetavana 給孤獨 Anathapindika 園。說摩訶般若波羅蜜多 Mahaprajnaparamita 度諸外道處塔。次拘尸那 Kusinagara 城。娑羅 sala 雙林現入涅槃 parnirvana 處塔。如是八塔。瞻禮略周。次於那爛陀寺中住經三載。又至烏仗那國。尋禮聖蹤。住茫誐勃寺 Mangokosta。復有蘇訶拔提寺（唐言日宮寺）Sukhavati。鉢茫拔提寺。（唐言蓮花寺）Padmavati。如是往來。遍尋聖跡。爲憶父母成長。因諮本師。再三方允。摩手授梵本十地迴向輪十力。共一夾。幷佛牙舍利以贈別。空當欲汎海而歸。又慮滄波險阻。乃却取北路覩貨羅 Tukhara 國五十七蕃。如是行李。經歷三年。歷疎勒于闐威戎（今和闐克里雅間）而至安西。時四鎮節度使安西副大使爲郭昕也。於此蓮華寺中。請蓮花精進（一三九錄）譯十力經。次至烏耆。又請于闐三藏戒法（一四〇錄）譯十地經迴向輪經。譯經已畢。七八九年九月十三日隨使入朝。當爲沙河不通。取回鶻路。又爲單于不信佛法。所齎梵夾不敢持來。留在北庭龍興寺。藏所譯漢本。隨使入都。七九〇年二月。達於京師。凡所往來經四十年。於時已六十餘矣。（宋傳卷三圓照撰大唐貞元新譯十地等經紀（十力經序。））

二〇〇〔附東渡傳戒師鑑眞等〕鑑眞。揚州江陽〔按唐書地理志揚州有江都無江陽此誤〕縣人也。俗姓淳于。以六八八年生。十四歲揚州出家。七〇八年長安受具。巡遊二京。究學三藏。後歸淮南。教授戒律。七三三年。日本沙門榮叡普照等。隨使臣至唐留學。唐國諸寺三藏大德。皆以戒律爲入道之正門。若有不持戒者。不齒於僧中。於是方知其國無傳戒人。乃請東都大福先寺沙門道璿律師。附副使之舶。先向日本去。擬爲傳戒者。榮叡普照留學唐國已經十載。不待使至而欲早歸。於是請西京僧道航澄觀。東都僧德淸。高麗僧如海。又請得宰相李林甫之兄林宗之書。與揚州倉曹李湊。令造大舟。備糧送遣。又與日本同學僧玄朗玄法二人。俱至揚州。七四二年冬十月也。時鑑眞在揚州大明寺講律。榮叡普照至大明寺。具述本意。眞詢僧衆。誰有應此遠向日本傳法者。時衆默然。無一對者。眞以諸人不去。自願東行。祥彥等二十一人請從。要約已畢。乃如東河造船。時在七四三年也。當時海賊大動。海路閉塞。公私斷行。道航以如海少學。不欲之行。如海大瞋。入州誣告道航造船入海。與海賊連。大吏鞠訊得實。造船沒官。諸僧無事。如海杖責還俗。日本僧榮叡等四人隨意放還。玄朗玄法從此歸國。榮叡普照祕與鑑眞買舟雇人。於是歲十二月舉航東行。到狼溝浦遭風船破。修治已。欲到桑石山。舟落石上又破。有還海官申請明州太守處分安置諸僧於鄮縣阿育王寺。七四四年。越州龍興寺僧請眞講律。更有杭湖宣等州並來延請。眞依次巡遊。潛遣人往福州買船。欲向温州。爲官追還。七四八年春。迴至揚州。眞更與叡照二人造舟。共道俗水手三十五人。於六月二十七日發自揚州新河。至冬十一月。爲風漂至振州。爲大使留住。講律度人。旋附舶溯江至桂州。後由桂州下江。次至端州。榮叡奄化。及至廣州。太守盧煥迎居大雲寺。廣州有婆羅門寺三所。並梵僧居住。江中有婆羅門波斯崑崙等舶。不知其數。並載香藥珍寶。積載如山。舶六七丈。師子國大石（應爲大食）國骨唐國白蠻赤蠻等往來居住。種類極多。（按舊唐書卷十云。七五八年大食國波斯國兵衆攻城。足證當時外人在廣州之衆。）七五〇年。眞辭普照北行。取道滯州。還至江都。七五三年十月十五日。日本國使至揚州。延眞向日本傳戒。揚州道俗聞眞欲去。防護甚固。眞於是冬十月二十九日。潛赴江頭。乘船下駛。時隨行者僧法進等十四人。尼智首等三人。揚州優婆塞潘仙童。胡國人安如寶。崑崙國人軍法力。瞻波國（即占婆國）人善聽。都二十四人。（按揚州居留外國人亦甚衆。祿山亂之亂。殺大食波斯胡甚衆。此事忘記出於何書待考〕十一月十日。日本副使徧招鑑眞及衆僧納己舟。十三日普照亦至。十五日四舟同發。十二月二十日第二舟抵薩摩國。阿多郡。秋妻屋浦。七五四年二月四日。眞至西京。沿途有唐僧崇道。道璿弟子善談等三十餘人。迎來禮謁。至京日皇亦勅使迎慰拜勞。引入東大寺安置。五日唐道璿律師婆羅門菩提僧正亦來慰問。宰相以下百餘人來禮拜問訊。日皇勅使口詔自今以後。受戒傳律。一任大和尙。眞自七四三年始爲傳戒。五度裝束。渡海艱辛。雖被漂迴。本願不退。至第六度過日本。三十六人總無常去。退心道俗二百餘人。唯有鑑眞。日本僧普照。天召僨思託。始終六度。經逾十二年。遂果本願。眞至六七三年卒於日本。春秋七十有六。〔日本元開撰。唐大和尙東征傳。〕

十　梵名一覽表

梵名	編號	漢名	國籍	生卒年　翻經年　來華年　遊履年
Amoghavajra	一三六	不空	北印	七〇五——七七四
Aryavarman	一五〇	聖鎧	新羅	六二七——六四九
Atigupta	一一九	無極高	中印	六五二
Bandhudatta	四三	親授	罽賓	三五三
Bhagavaddharma	一一八	尊法	西印	六五〇——六五五
Bodhiruci	八八	道希	北印	五〇八——五三四
Bodhiruci	一三二	覺愛	南印	六八三——七二七

Bodhisattvavajra	一四三	菩薩金剛	外國	八三六——八四〇
Bodhitan	一一四	菩提登	外國	五九三
Buddhabhadra	四四	覺賢	迦維羅衛	三五九——四二九
Buddhadharma	一五四	覺法	速利	
Buddhajiva	六六	覺受	罽賓	四二三——四二四
Buddhapali	一二四	覺護	罽賓	六七六
Buddharaksa	三七	覺護	外國	三八一——三八三
Buddhasanta	八九	覺定	北印	五二〇——五三九
Buddhasena	六三 七六	覺軍	罽賓	三九九
Buddhatrata	七八	覺救	印度	四二〇
Buddhatrata	一二三	覺救	罽賓	六七六

Buddhavarman	六八	覺　鎧	吐火羅	四三七——四三九
Buddhayasas	四八	覺　明	罽　賓	四一〇——四一三
Candraprajna	一三二	月　智		六七九——六八八
Danapala	宋	施　護	烏　萇	九八〇
Deva	一三二	天		六七九——六八八
Devaprajna	一二五	天　智	于　闐	六八九——六九一
Dharma	八一	法	罽　賓	四五七
Dharma	一三二	法	外　國	六八三——七一三
Dharmabhadra	一五	法　賢	安　息	二六五
Dharmabodhi	九二	法　覺	印　度	五五〇
Dharmadeva	宋	法　天	印　度	九七三——一〇〇一

Dharmagupta	五一	法　密	印　度	四〇七——四一四
Dharmagupta	一一六	法　密	南　印	五九〇——六一九
Dharmagupta	一一〇	法　密	印　度	五九二
Dharmagupta	一三五	法　密	中　印	六六〇
Dharmajatayasas	一〇〇	法生稱	印　度	四八一
Dharmakala	一一	法　時	中　印	二三二
Dharmamati	一〇三	法　意	西　域	四九〇
Dharmamitra	七一	法　秀	罽　賓	三五六——四四二
Dharmanandi	三八	法　喜	吐火羅	三八四——三八五
Dharmaprajna	一一一	法　智	中　印	五八一
Dharmapriya	三六	法　愛	印　度	三八二

Dharmapriya	四五	法善	罽賓	四〇〇
Dharmaranya	三一	法正	印度	三八一——三九五
Dharmaraksa	二	法蘭	中印	六七
Dharmaraksa	二四	法護	月支	二三九——三一六
Dharmaraksa	五五	法豐	中印	三八五——四三三
Dharmaraksa	宋	法護	印度	一〇〇四——一〇五八
Dharmaruci	四七	法樂	西域	四〇五——四一三
Dharmaruci	八六	法希	南印	五〇一——五〇七
Dharmaruci	九四	法希	印度 摩勒	五六六——五七一
Dharmasatya	一三	法實	安息	二五四
Dharmatrata	一二八	法藏	康居	六四三——七一二

Dharmavikrama	七八	法　勇	幽　州	四二〇
Dharmayasas	五〇	法　稱	罽　賓	四〇七——四二四 五三
Divakara	一三二	日　照	中　印	六七六——六八八
Gitamitra	五二	歌　友	西　域	四二〇
Gunabhadra	七三	功德賢	中　印	三九四——四六八
Gunasila	七四	功德直	西　域	四六二
Gunavarman	六九	功德鎧	罽　賓	三六七——四三一
Gunavrddhi	一〇四	安　進	中　印	四七九——五〇二
Isvara	六七	自　在	外　國	四二六
Isvara	一三二	自　在	印　度	七〇六——七一三
Jayaprabha	一四七	勝　光	中　印	

Jnanabhadra	九三	智賢	印度	五五八
Jnanabhadra	一二一	智賢	爪哇	六六五
Jnanagupta	一一〇	德志	犍陀羅	五二三——六〇〇
Jnanagupta	一一五	智密	西域	五九二
Jnanasri	宋	智吉祥	印度	一〇五三
Jnanayana	二八	智乘	外國	三一六
Jnanayasas	九五	勝名	摩伽陀	五六四——五七二
Kalaruci	二五	眞喜	印度	二八一
Kalasivi	二〇	正無畏	月支	二五六
Kalayasas	七〇	時稱	西域	四二四——四四二
Kalodaka	四一	時水	印度	三九二

Kasyapa-Matanga	一	摩　騰	中　印	六七
Kumarabodhi	三四	童　覺	印　度	三六九——三七一
Kumarajiva	四三	童　壽	印　度	三四四——四一三
Lokaksin	七	支迦讖婁	月　支	一六八——一八九
Mahabala	四	大　力	印　度	一九七
Mahayana	一〇一	大　乘	西　域	四八三——四九三
Maitreyabhadra	宋	慈　賢	中　印	一一〇〇
Mandra	一〇五	弘　弱	扶　南	五〇二
Matisimha	一五九	師子慧	唐	
Meghasikha	一三〇	雲　峯	烏　茛	七〇五
Mitrasanta	一二九	寂　友	吐火羅	六九〇——六九一

Moksadeva	一六八	解脫天	交州	
Moraksa	一二一	無羅義	西域	二九〇
Munisri	一四二	寂默	北印	八〇〇——八〇六
Nandi	五三	喜	印度	四一九
Narendrayasas	一一二	尊稱	烏萇	五一七——五八九
Paramartha	一〇七	真諦	優禪尼	四九九——五六九
Parthamasiris	五	安世高	安息	九七——一七〇
Prabhakaramitra	一一七	光智	中印	五六五——六三三
Prajna	一三七	智慧	迦畢試	七八〇——七九二
Prajna	一三八	智慧	罽賓	七九五——八一〇
Prajnagupta	一三二	智藏	錫南	七〇六——七一三

Prajnaruci	九〇	智希	波羅奈	五三八——五四二
Pramiti	一三〇	極量	中印	七〇五
Punyatara	四六	功德華	罽賓	四〇四
Punyopaya	一二〇	福生(那提)	中印	六五五——六六三
Purnasoma	一四三	滿月	西域	八三六——八四〇
Ratnacinta	一三一	寶思惟	彌迦羅濕	六九三——七二一
Ratnamati	八七	寶意	中印	五〇八
Ratnasimha	一四七	寶師子	中印	
Samantabhadra	一三六	普賢	錫蘭	七四二
Samghabhadra	一〇二	衆賢	西域	四八九
Samghabhata	三五	衆現	罽賓	三八一——三八五

Samghadeva	三九	衆天	罽賓	三八三——三九八
Samghapala	一〇六	僧養	扶南	四六〇——五二四
Samgharaksa	四〇	衆護	罽賓	三九七——三九八
Samghata	五四	饒善	西域	四〇二——四一二
Samghavarman	一二	僧鎧	康居	二五二
Samghavarman	七二	衆鎧	印度	四三三——四四二
Samghavarman	七五	衆鎧	錫蘭	四七八
Samghavarman	一七四	衆鎧	康居	五六七——六六一
Siksananda	一二七	學喜	于闐	六五二——七一〇
Silabhadra	一四六	戒賢	中印	六三一
Siladharma	一四〇	戒法	于闐	七八九

Silanaga	一七四	戒龍	中印	六六〇
Srimitra	二九	吉友	龜茲	三〇七——三四二
Srivarman	一九九	吉鎧	迦畢試	七五〇——七八五
Subhakarasimha	一三五	善無畏	中印	六三七——七三五
Subhuti	一〇九	善吉	扶南	五八八
Surayasas	西夏	日稱	西夏	一一〇〇
Suvarnadharani	西夏	金總持	西夏	一一一三
Upasunya	一〇八	高空	優禪尼	五三八——五六五
Vajrabodhi	一三四	金剛智	南印	六六二——七三二
Vajrasthira	一四三	金剛堅	外國	八三六——八四〇
Vighna	一七	障礙	印度	二二四

Vimalaksas	四九	無垢眼	罽賓	四〇六——四一八
Vimoksasena	九一	智毗先目	印度	五四一
Vinitaruci	一一三	滅喜	烏萇	五八二
Yasoghosa	一三二	稱鳴	印度	
Yasogupta	九六	稱藏	印度	五六一——五七八